知的生きかた文庫

日本の道・道路がわかる雑学

浅井建爾

三笠書房

◎はじめに

どんな「道・道路」にも、ドラマとストーリーが隠されている！

人類が地球上に誕生して以来、人々は道とともに歩み、進歩してきた。

人類の歴史はそのまま道の歴史でもある。

人を運び、物を運び、そして文化をも運んできた道。もし道がなかったとしたら、現在のような経済の発展も、文明の進歩もなかったであろう。道には先人たちが培ってきた歴史が秘められているのだ。道の整備状況をみれば、その地域の経済の発展ぶりがわかるとさえいわれている。それほど道は、経済活動にも大きな影響を及ぼしている。

道は、人々が社会生活を営むうえで、衣食住とともに欠くことのできない、生活の基盤をなすものである。はじめは人々が通行するためにつくられた道も、やがて乗り物が登場すると様相も一変した。特に、自動車が走るようになってからの変貌ぶりは著しい。

それまでの凹凸道が舗装されたり、道幅が広げられたり、またトンネルが掘られ、川には橋も架けられた。交通の円滑化と安全対策のために、信号機も設置され、車道と歩道が分離され、立体交差が生まれたりもした。そして今や、高速道路の時代である。これまで難所といわれていた山越えの道路にも、長大なトンネルが建設されるようになり、沿岸に浮かぶ島にも長大橋が架けられるようになった。

また、道は交通路としてばかりではなく、都市においては風通しや日当りをよくする役目も担っているし、災害時の避難路にもなる。祭りやイベント、マラソンなどを楽しむ場としても利用される。また、道の下には上下水道や電話、ガスなどの、日常の生活には欠くことのできないパイプや導線が埋設され、大都市では地下鉄や地下街、地下駐車場などの都市空間として幅広く活用されている。道なくしては、社会生活は一日たりとも機能しないのである。

道はどのようにして生まれ、発展してきたのか。また将来はどのように変化していくのか。本書は手軽に読める「雑学本」として、道の歴史や文化、種類、現代の道路交通、橋、トンネルなどについて、興味深いトピックをふんだんに、またわかりやすく盛り込んだつもりである。

「日本の道路を全部つなげると地球を何周する?」
「国道の欠番はなぜあるのか?」
「道路標識の『東京まで50㎞』、東京のどこまでの距離のこと?」

など、日頃気になる素朴な疑問から、あの道、この道に隠された知られざるドラマまで、ネタとして楽しみながら知識を増やしていただければ、この上ない幸いである。

浅井建爾

◆目次

1章 江戸時代より前、東海道は山陽道より格下だった!?

——道から歴史を読み解く!「古道・街道・幻の道」

2章 道路標識の「東京まで50㎞」、東京のどこまでの距離のこと？

――「現代道路」の知られざるトリビア

3章 国道にも欠番がある！ その驚きの理由とは⁉

――マニアもびっくり！「国道・高速道路」は謎だらけ

4章 これは目の錯覚？ 高層ビルの中を貫通する道路!?

——一度は見ておきたい、日本全国の「絶景道、珍道路」

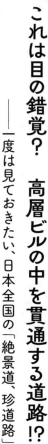

5章 「レンコン町」と称される、トンネルだらけの町がある!?

——世界一も目白押し！「橋とトンネル」おもしろ雑学

編集協力／寺島豊（安曇出版）
本文DTP／フォレスト

1章

江戸時代より前、東海道は山陽道より格下だった!?

――道から歴史を読み解く!「古道・街道・幻の道」

1 古代ロマン漂う、日本最古の道はどこか？

日本の道は外国ほど歴史の古さはないが、それでも紀元前から人々が往来し、交流が盛んに行われていた道がいく筋もあった。**歴史上に残る日本最古の道として知られているのが、大和盆地の東縁にある「山の辺の道」である。**山の辺の道は、奈良市街から桜井市の三輪に至る全長26㎞ほどの古道で、春日山や高円山《たかまどやま》、三輪山の山麓を縫うように南北に細々と延びている。

幅2m足らずの小径だが、沿道には石上《いそのかみ》神宮、大神《おおみわ》神社、長岳寺、崇神《すじん》天皇陵、景行天皇陵、金屋の石仏など、数多くの史蹟が点在していることからも、この道が文化交流の主要な幹線道であったことをうかがわせている。三輪山の近くにある海石榴市《つばいち》は古代の交易場で、日本最古の市が立ったところだといわれる。

山の辺の道も、奈良市街から天理市付近までは長い年月に流されて道筋が明確でないが、天理市の石上神宮あたりから桜井市の三輪までの約15kmの間は道標なども整備され、古代ロマン漂う探訪コースとして人気が高い。

山の辺の道とともに知られているのが葛城《かつらぎ》古道である。奈良と大阪の県境にそびえる葛城山や金剛山の東麓を南北に貫いている道で、「西の山の辺の道」ともいわれている。現在の国道24号ができるまでは、葛城古道がこの地方の幹線道として機能していた。

日本最古の道、歴史の道

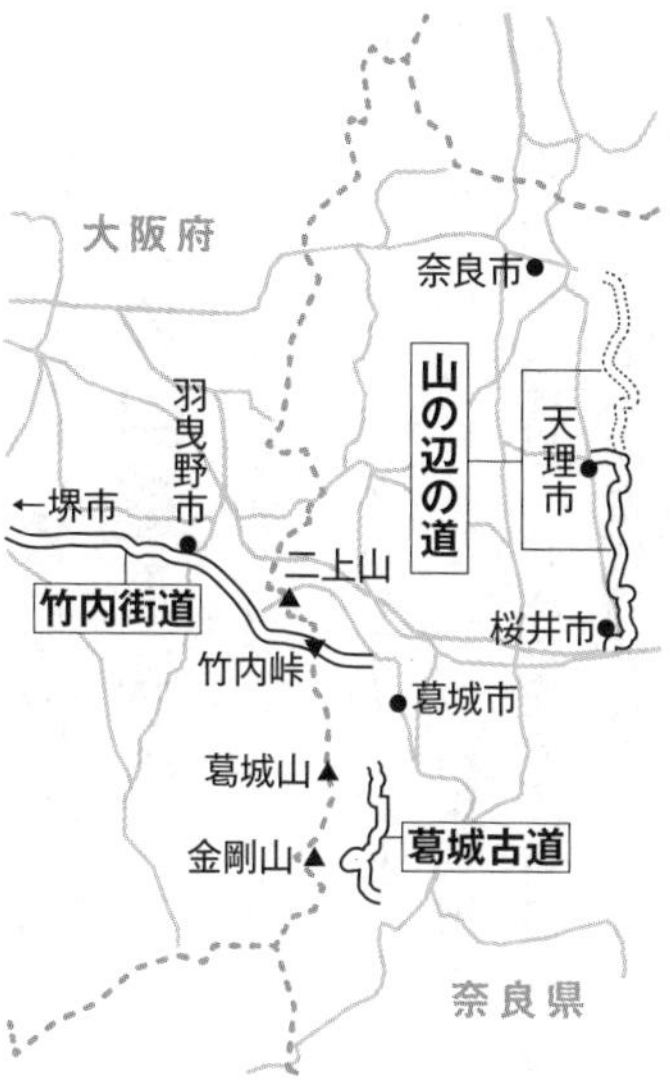

葛城古道は5世紀末頃に、この地で勢力をふるった豪族の葛城氏の本拠地があったところで、日本の代表的な古道の一つである。起伏の多い道に沿って、古寺社や史蹟が点在し、歴史の道にふさわしい佇まいをみせている。そのほかにも、大和地方には都祁《つげ》山《やま》の道や太子道など多くの古道があり、人々の暮らしに役立っていたのだろう。

2 古墳がひしめく竹内街道は「古代の国道1号線」

大和地方に数ある古道のなかでも、特に重要な役割を果たしてきた道として、竹内街道を忘れるわけにはいかない。**竹内街道は堺市から、大阪府と奈良県の県境にそびえる二上山の南麓を通り、竹内峠を経て奈良県葛城市（旧・當麻《たいま》町）に至る約26㎞の道で、大和と河内を結ぶ古代の幹線道である**（17ページ地図参照）。ほとんどの区間が現在の国道166号に生まれ変わっている。

竹内街道沿いには、応神天皇陵や仁徳天皇陵、推古天皇陵をはじめ、無数の古墳が点在していることからも、この道が古代から物資の輸送路、文化の伝達路としての役割を果たしていた重要な幹線道であったことがうかがえる。二上山は、悲劇の主人公大津皇子の墓があることで知られている。歴史にもたびたび登場する山でもあり、周辺からは旧石器時代の遺跡も多数出土している。

推古天皇の時代の613年に、「難波より京（飛鳥のこと）に至る大道《だいどう》を置く」と日本書紀に記されているように、**竹内街道とそこから桜井市の三輪まで延びる横大路が日本で初の官道、いまでいう国道に定められた道だった。**竹内街道が「古代の国道1号線」といわれるゆえんである。

中国や朝鮮から、難波津に上陸した大陸の先進文化は、堺を経由し、羽曳野市、太子町を通り、竹内峠を越えて大和に運ばれた。日本の文化の基にもなったといわれる仏教も、インドからシルクロードを通って中国へ伝えられ、そこから海路で日本へ伝来。竹内街道によって大和にもたらされたものだ。飛鳥に文化が華開いたのも、大和に都が置かれたのも、竹内街道なくして語ることはできないだろう。

聖徳太子信仰も、この道を通じて畿内各地に伝わっていったといわれているし、中世では商都・堺と大和の間を人と物資が行き交った。竹内街道は信仰の道でも、経済の道でもあったのだ。竹内街道という名称は、葛城市の竹内集落を通り、竹内峠を越えていることに由来する。今も残る古い家並みや石畳の道が旧街道の面影を漂わせ、周りの風景と相まって古代ロマンをかき立てる恰好のハイキングコースになっている。

3 唐の長安に道づくりを倣った、日本最初の首都はどこ？

日本で最初に建設された都市はどこだったのだろう。また、その都市にはどのような道路が張り巡らされていたのだろうか。

日本は4世紀頃から、大和を中心とする権力者の集団により、国家として統一されつつあったが、まだ都市としての形態を整えるまでには至っていなかった。国家の首都にふさわしい都市建設が行われるようになったのは、7世紀半ば以降のことである。**最初に本格的な国家の首都として造営されたのが藤原京である。**現在の奈良県橿原《かしはら》市と明日香村にかかる地域に建設された。694年から710年までのわずか16年という短い期間ではあったが、藤原京が日本で最初の首都だったのである。**街の区画には条坊制が採用された。**条坊制とは、唐の長安に倣って、碁盤目状に東西・南北に道を張り巡らす都市設計をいい、東西列を条、南北列を坊と呼ぶ。

藤原京は当初の研究では、東西2・1㎞（8坊）、南北3・2㎞（12条）程度とされていたが、1990年代の調査で東西5・3㎞（20坊）、南北4・8㎞（18条）、面積約25㎢におよぶ碁盤目状の街路であることがわかった。これは、平城京（23㎢）や平安京（24㎢）をしのぐ規模である。

藤原京以前の667年に、天智天皇が近江大津宮（大津京）を建設し都を移しているが、条坊制を示す記録もなければ、都の領域も不明で、場所も特定されていない。また、推古朝（600年前後）から天武・持統朝（672〜694年）にかけて、豊浦宮、小墾田《おはりだ》宮、板室宮、飛鳥浄御原《きよみがはら》宮など、「飛鳥京」とも呼ばれる諸宮が築かれたが、規模ほか詳細は不明である。

その後、都は平城京から平安京へと移っていったが、条坊制という街路の理念は変わることがなかった。**東西、南北を直線で結ぶのが最も機能的だという、唐の街路に対する理念が脈々と受け継がれてきた**のである。今でも京都はもちろん、札幌など北海道の都市では、○条○町（○丁目）といった住所表示が使われている。中国からもたらされた道の文化が日本の風土にマッチし、定着したといえよう。

4 日本最初の幹線道路が、栄えなかった理由

乙巳《いっし》の変（645年）から大宝律令制定（701年）まで、大化の改新と呼ばれる一連の改革を経て、天皇と豪族による地域的な大和政権から、天皇を中心とした全国的な中央集権体制がつくりあげられた。法律（律）と行政（令）の下の国家体制であり、律令制、律令国家などの言葉が使われている。

律令制の下で、権力者が人々を支配するようになると、行政区分も整備されていった。「武蔵国」「尾張国」といった現在の都道府県の原型となる区分で、令制国（律令国）と呼ばれる。おおむね8世紀半ばまでに67の令制国が成立し、各国に国府が置かれた。

また首都の造営とともに、そこから各国へ広がる道も計画的につくられるようになった。政治的、軍事的にも、権力者が支配権を拡大し、より強固なものにするために、

畿内（五畿）七道の行政区分

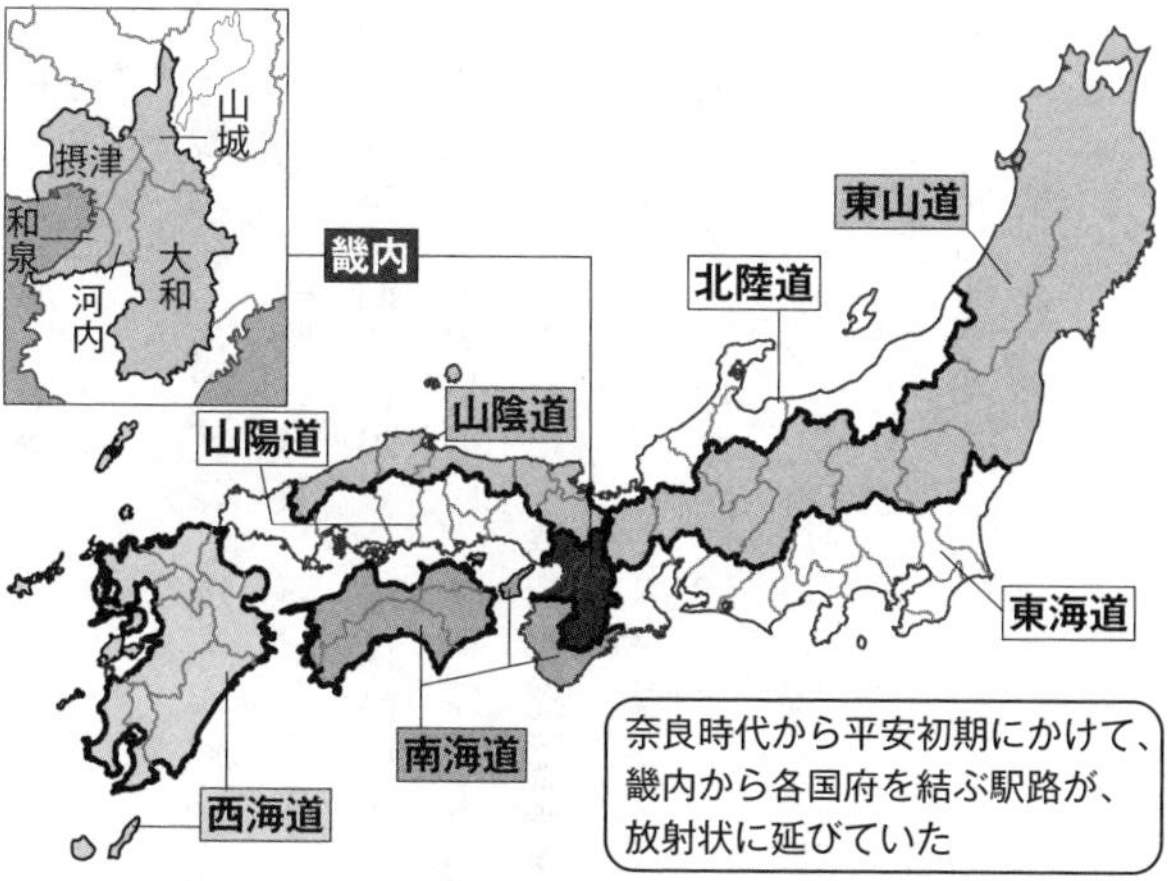

交通、通信の手段として重要な役割を果たす道路は、必要不可欠なものだったのだ。

こうしてつくられた**日本最初の計画的道路網が七道駅路《しちどうえきろ》で、畿内を基点にして諸国を結んだ。駅路とは宿駅の設備がある道路のことをいう。**駅路には30里（約16㎞）ごとに駅が置かれ、交通機関としての駅馬も用意されていた。

畿内は五畿ともいい、大和（奈良県）、山城（京都府中南部）、摂津（大阪府北部および兵庫県南東部）、河内（大阪府南東部）、和泉（大阪府南西部）の5か国、今でいう首都圏だった地域である。七道は東海道、東山道、北陸道、山陽道、山陰道、南海道、西海道の七道をいう。

七道は畿内から放射状に各国府を結ぶ駅路の名称であるとともに、地理的な行政区分でもあった。駅路の全長は6300～6500㎞にもおよび、駅数は約400を数えた。道幅は初期で12m、その後9mまたは6mとずいぶん広かった。

七道駅路の最大の特徴は、江戸時代の街道のように、集落と集落を結ぶ曲がりくねった道ではなく、**点と点を最短距離で結ぶ直線道路を原則に建設された**ということである。そのため、集落から遠く離れたところを通り、人々の生活にはあまり役立たなかった道路が多かったという。

律令国家が崩壊後、これらの直線道路が衰退したのも、集落から離れたところを通っていたからだといわれている。

七道は当時の律令国家がいかに強大な権力を持っていたかを示す重要な証拠といえよう。

5 江戸時代より前、東海道は山陽道より格下だった!?

律令国家が成立後、畿内を基点に放射状に延びる七道駅路が整備されたが、七道は大路、中路、小路にランクづけされた。その時、**唯一の大路は東海道ではなく、山陽道だった**のである。

山陽道（西海道の一部を含む）は、都と九州の大宰府を結ぶ幹線道として、朝廷が最も重要視した路線である。**東海道は東山道とともに中路とされ、北陸道、山陰道、南海道、西海道は小路だった。**また、駅馬の数も大路には20頭、中路には10頭、小路には5頭と差別化されていた。

江戸時代には天下の街道として幅をきかせていた東海道も、かつては山陽道より格下の街道だったわけだ。

というのも、**律令時代以前から、畿内とともに一大文化圏を形成していたのは、大**

距離による地域のランク分けと幹線道路

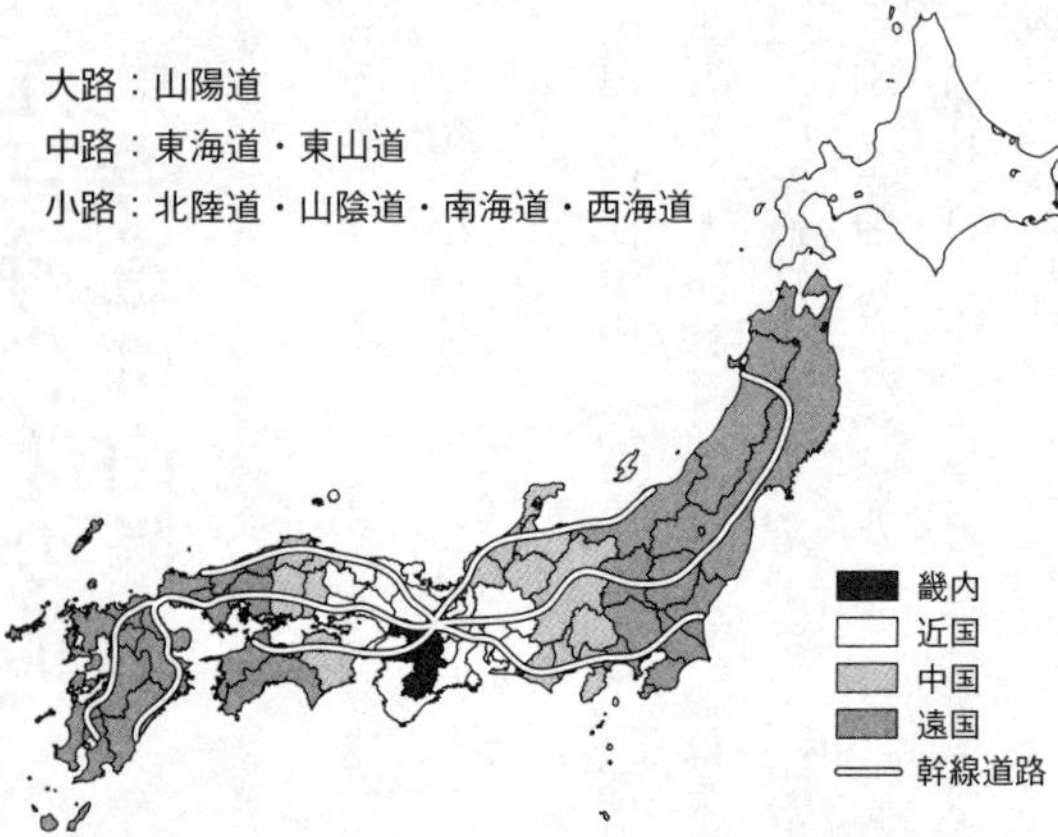

宰府を中心とした福岡県一帯の筑紫地方だったのである。畿内との交流は活発で、中国や朝鮮からの使節団も山陽道を通った。とにかく山陽道は、江戸時代の東海道に匹敵する物資の輸送路、文化の伝達路だったのだ。

山陽道に古墳や古代遺跡が多いことからも、それがうかがえる。

ところで、当時の国名が都から見た位置関係から名づけられていたことはよく知られている。都に近い越前（福井県）に対し遠い越後（新潟県）、備前（岡山県）に対し備後（広島県）などだ。また、都に近い地域を近国《きんごく》といったのに対し、筑紫ははるか遠国《おんごく》の地であった。

現在の中国地方は、両者の中間に位置していたことから名づけられた地名である。もし、畿内と並ぶ一大文化圏を形成する先進地が関東あたりだったとしたら、東海地方が中国と呼ばれていたに違いない。

かつては一級の幹線道だった山陽道も、その後江戸時代には脇街道に格下げされてしまった。

6 東海道五十三次の起点「江戸日本橋」にまつわる紆余曲折

東海道は常陸《ひたち》、下総《しもうさ》、上総《かずさ》、安房、武蔵、相模、甲斐、伊豆、駿河、遠江、三河、尾張、伊勢、志摩、伊賀の15か国からなるが、**律令国家が成立した当初、武蔵は東海道ではなかった。**771年になって東海道に加わったもので、それまでは東山道に属していたのである。

東山道武蔵路とも呼ばれる道で、ルートは上野国新田駅（群馬県太田市）と下野国足利駅（栃木県足利市）から南に分岐し、埼玉県の中央部を通って国府である東京都府中市に至る。一方、**当時の東海道の経路は、相模の三浦半島から房総半島の上総に渡り、そこから北へ向かって、常陸の国府に達していた。**

房総半島の北部が下総、南部が上総であることを不思議に思ったことはないだろうか。普通は北が上で南が下、また、都に近い方が上で、遠い方が下でもあった。上野《こうずけ》

東海道15か国

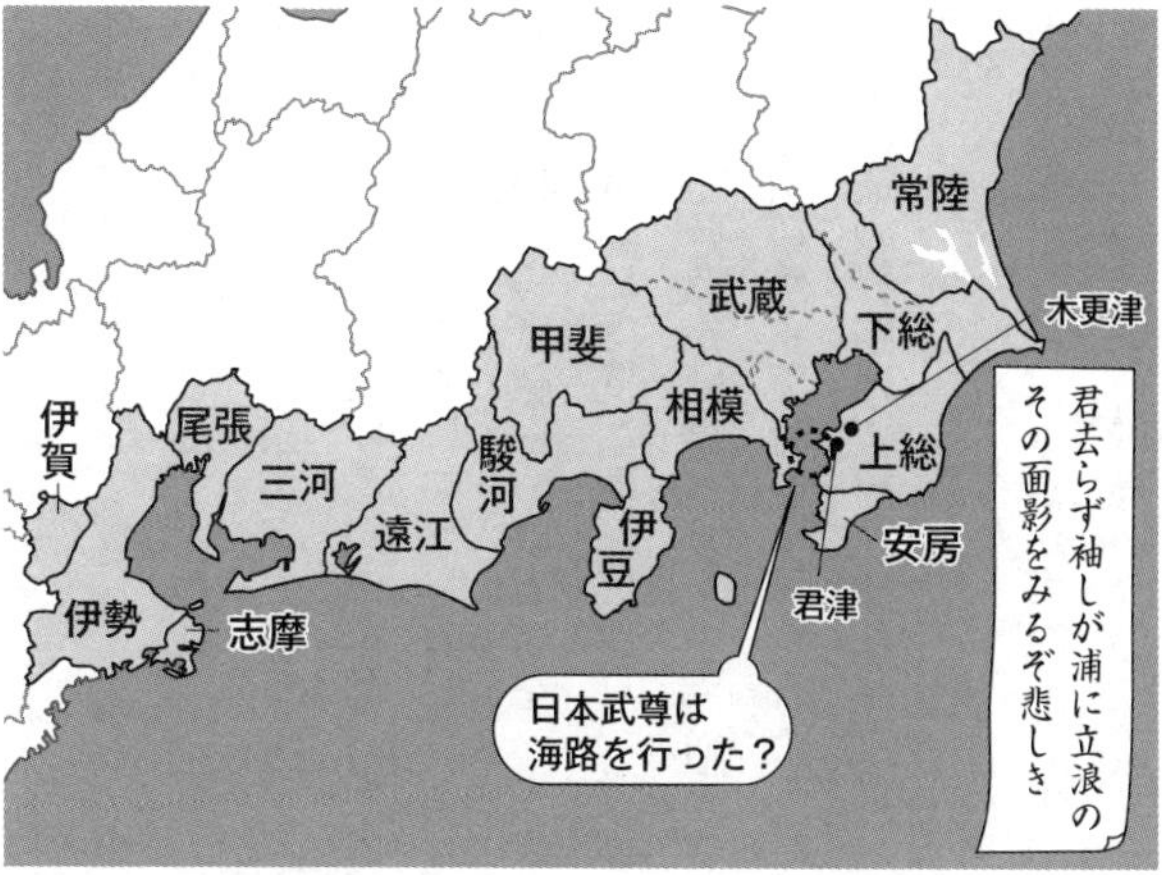

（群馬県）が下野《しもつけ》（栃木県）より、都に近いことからもそれがわかるだろう。上総と下総の位置関係もこれと同じ理屈で、東海道が海路をとっていた当時は、上総の方が下総より都に近かったのである。

当時の東海道が、三浦半島から房総半島に渡る経路をとっていたことを物語る伝説が残っている。日本武尊《やまとたけるのみこと》が東征した折、相模国の三浦半島から船で上総国へ渡った際、暴風雨に見舞われた。妻の弟橘媛命《おとたちばなひめのみこと》は、荒れ狂う海の神を鎮めるため海に身を投げた。やがて海は鎮まり、日本武尊は無事上総へ渡ることができた。最愛の妻を失った日本武尊は、「君去らず袖しが浦に立浪のその面影をみるぞ悲しき」と詠い、妻との別れを惜しんだという伝説である。「君去らず」が木更津に転訛したといわれている。

木更津といえば、東京湾アクアライン（東京湾横断道路）の千葉県側の入口だ。また、木更津の南に隣接する君津市は、君去津の略称地名だという。この日本武尊がたどった経路こそ、まさしく東海道だったのである。

なぜ、相模から武蔵へのコースをとらなかったのか。当時、東京湾の最北部に位置していた武蔵国には低湿地が広がり、通行が困難だった。だが、やがて湾奥部の陸化にともなって陸路が整備され、東海道が海路から陸路に変更された。それと同時に、武蔵国は東山道から東海道に移されたのだ。

もし東海道の経路に変更がなかったとしたら、恐らく江戸は東山道のままだっただろう。

だとすると、江戸日本橋が東海道五十三次の起点にはなりえなかったわけで、歴史は大きく変わっていたに違いない。

7 室町時代の大人気スポットは、世界遺産にも登録された「あの道」

人々の生きる規範であり、心の支えでもあった神仏の信仰。全国には、信仰のために人々が歩いた道もあった。その一つに熊野古道（熊野街道）がある。

熊野古道は、熊野三山（熊野本宮大社、熊野速玉《はやたま》大社、熊野那智大社）を詣でるための道といえる。熊野三山は天皇、貴族から武士、庶民に至るまで、あらゆる階層の人々から信仰を集めていた。

皇室で最初に参詣したのは、９０７年の宇多法皇だったといわれる。後白河法皇に至っては、30回以上も熊野三山に詣でたという記録もある。源氏、平氏にも信仰され、一遍上人や文覚上人も参詣している。

室町時代に入ると、皇室や貴族ばかりではなく、武士や庶民の間でも熊野詣が盛んになり、「蟻の熊野詣」とまでいわれた。それほどにまで凄まじいばかりの参詣者の大群であったという。

その信仰の道となった熊野古道は、京から難波に入り、紀伊半島の沿岸を南下。田辺で海伝いに熊野三山に向かう大辺路《おおへじ》と、田辺から山を越えて熊野三山へ向かう中辺路《なかへじ》の2つの道に分かれる。中辺路には、九十九王子《くじゅうくおうじ》という熊野権現の御子神を祀った末社がいくつもあり、参詣者はここで休憩しながら熊野三山まで歩いたのである。

熊野三山に通じる小辺路《こへじ》も、弘法大師が開いた高野山へ参詣する人たちが往来した信仰の道で、高野道とも呼ばれた。

このほか**伊勢路**、**大峯奥駈道**《おくがけみち》**も含めて、熊野古道は2004年に「紀伊山地の霊場と参詣道」として世界遺産に登録された。**

お伊勢参りの人々で賑わった伊勢街道、善光寺参りや成田詣への道などもあった。四国霊場八十八か所や、西国三十三か所観音霊場などを遍路たちがたどった道も信仰の道といえる。心のよりどころを求めて、多くの人々が歩いた信仰の道は全国各地にあった。

熊野古道と熊野三山

大阪府
奈良県
三重県
和歌山市
金峯山寺
高野山町石道
金剛峯寺
大峯奥駈道
伊勢神宮→
小辺路
紀伊路
和歌山県
尾鷲市
中辺路
伊勢路
熊野本宮大社
田辺市
新宮市
熊野速玉大社
熊野那智大社
補陀洛山寺
大辺路
串本町
太平洋
※新宮市観光協会HPの情報を基に作成

8 天然の要害の地・鎌倉をさらに強固にした「鎌倉街道」

「〇〇街道」というと、特定の1本の道を指すことが多いが、鎌倉街道に限ってはこの常識が通用しない。鎌倉時代、大事件が起こると諸国の武士は、「いざ鎌倉」の号令の下に鎌倉に馳せ参じた。「すべての道はローマに通ず」ではなく、「すべての道は鎌倉に通ず」だったのである。鎌倉に通じていたすべての道を、鎌倉街道（鎌倉往還）と呼んでいた。

主要な幹線道としては、**鎌倉から武蔵、上野《こうずけ》の国府を通り、碓氷《うすい》峠を越えて信濃へ行く道、東海道筋をたどる京鎌倉往還、甲斐とを結ぶ道、下野《しもつけ》の国府を通り、白河関を越える道、常陸の国府、勿来関《なこそのせき》経由で奥州に行く道**などがあった。

鎌倉に至る道として、鎌倉時代の歴史書『吾妻鏡』には、中路、奥大道、下道などが登場し、南北朝時代の『太平記』には上道、下道が登場する。現在では、群馬県の

主な鎌倉街道

高崎方面から埼玉県内の国道254号～所沢～町田～綾瀬を経由する上道、宇都宮方面から古河～川口～新宿～溝の口を経由する中道、水戸方面から市川～品川～横浜～金沢文庫を経由する下道などと紹介されていたりする。

しかし、これらは江戸後期以降のものと考えられ、いずれもルートは不明で、支線と称する道も多数ある。

源頼朝が鎌倉幕府を開くと、支配力を強化するために道路整備に力が注がれた。東国の各地域と結ぶ道が続々と建設されたため、鎌倉街道は無数にあった。特に武蔵や相模には、鎌倉街道が網の目のように張り巡らされていた。とはいうものの、幹線道はごく限られており、その多くは中部地方の以東を走っていた。従来からあった道に、手を加えただけのものも少なくなかった。幹線道は各国の国府を通り、街道沿いには守護所も置かれた。

鎌倉は三方を山に囲まれ、南側は海に面している。要害の地としてこれほど優れた立地はなかったといえよう。鎌倉と諸国から延びてくる街道とをつなぐために、これらの山を掘り割って、切通しがつくられた。鎌倉には7か所の切通しがあったことから七切通し、鎌倉七口と呼ばれていた。

この切通しが外部に通じる唯一の道で、敵に攻め入られたときには、これらの切通しの防御を固めればよかった。

鎌倉街道には、今でも機能している道が多くある。そこが、律令時代の七道駅路のように跡形もなく、この世から忘れ去られてしまった道との大きな違いである。

9 徳川家康の「五街道」整備は、江戸幕府を開くよりも早かった⁉

戦国時代、織田信長は統治した諸国で統一された道路の大改修を行った。その後を継いだ豊臣秀吉も、道路整備に大きな功績を残している。しかし、広域にわたり本格的な道路整備に着手したのは徳川家康である。

秀吉によって関八州への国替えを命じられた家康は、江戸の街づくりと並行して江戸に通じる街道と宿場の整備に着手した。それが、東海道、中山道、日光街道（日光道中）、奥州街道（奥州道中）、甲州街道（甲州道中）からなる五街道である。

東海道や中山道は1590年代前半からルート選定や宿場町の整備が始まり、東海道では1601年に、中山道ではその翌年に宿駅伝馬制が敷かれた。朱印状によって各宿場に伝馬（駅馬とは別に公用に使わせた馬）の常備を義務付けたのである。日光街道および奥州街道、甲州街道についても江戸幕府が開かれる前の1602年には開設されていた。

2代将軍秀忠に代替わりした1605年には、五街道の標準幅員を5間（約9m）、1里（約4km）ごとに塚を築くと定められ、並木も植えられた。また、1630年代には砂利や砂を敷いて路面が平らに固められた。

東海道は江戸日本橋から京都三条大橋までの五十三次・約495km、大坂までの4宿も加えて五十七次ともいった。中山道は高崎、下諏訪、木曽路を経て草津までの六十七次・508km、それに草津、大津2宿を加えて六十九次。日光街道は千住、宇都宮、今市を経て日光までの二十一次・130km。奥州街道は陸奥白河までの二十七次・190kmで、宇都宮までの17宿は日光街道と重複していた。甲州街道は内藤新宿、八王子、甲府を通り、下諏訪で中山道に合流するまでの四十四次・220kmだった。

東海道は天下の大動脈として、幕府が最も重視した幹線道で、とりわけ取締りも厳しかった。「入鉄砲出女」には特に目を光らせた。入鉄砲は、江戸に武器が入ってくることの取締りだ。出女は諸大名の妻子たちの、江戸からの脱出を監視することである。徳川幕府が参勤交代の制度をとったのも、諸国の統制と国家の安泰が最大の目的

江戸時代の五街道と宿場数

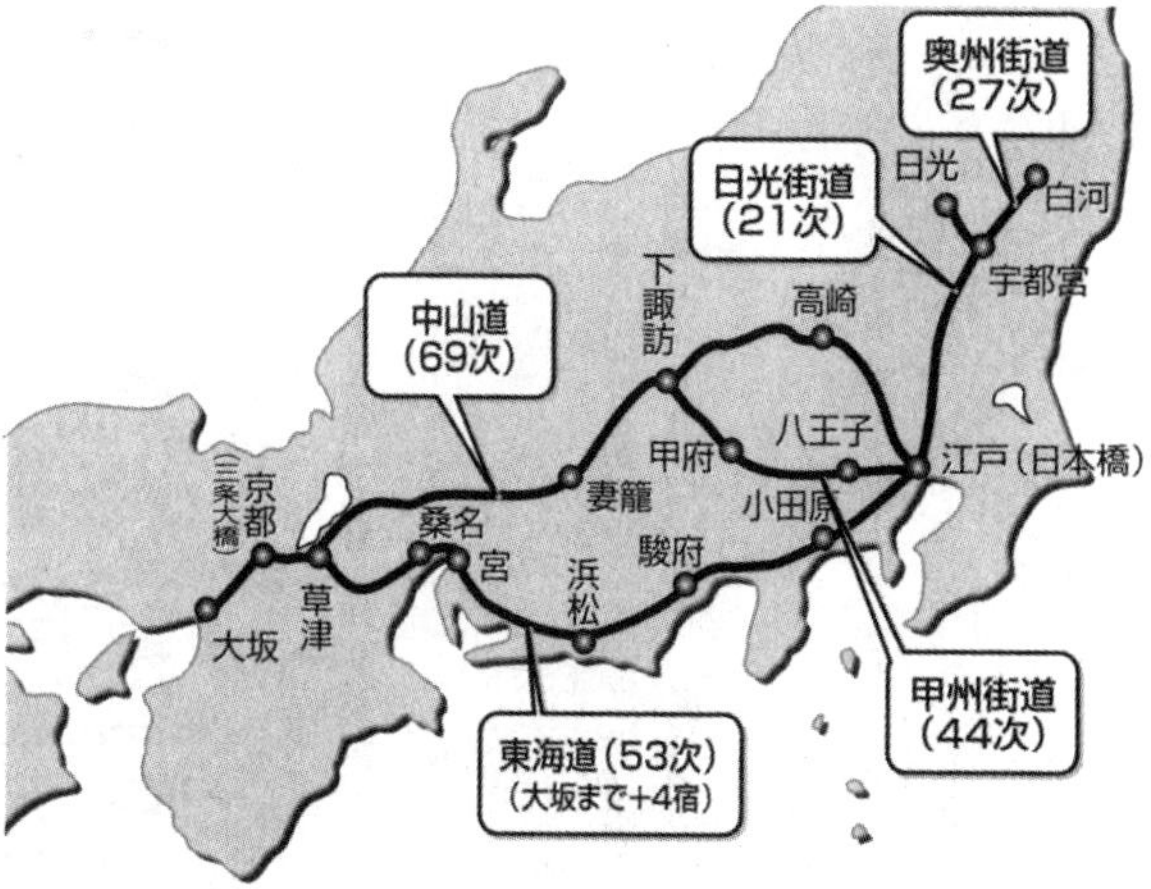

だった。参勤交代とは、諸国の大名を一年江戸に参勤させ、次の一年を在国させるというもので、大名の妻子たちは人質として江戸に常住させられた。徳川幕府が300年近くも続いたのは、参勤交代の制度があったからだといわれている。

参勤交代は宿場をはじめ、街道筋を発展させるという大きな経済効果をもたらした。五街道およびそれに付属する脇街道は、参勤交代など公用目的に整備されたものだが、やがて庶民の寺社巡りや温泉旅行にも利用され、街道筋はますます栄えた。

10 江戸時代の五街道、庶民の一番人気が「中山道」だった理由

東海道に次ぐ幹線道は中山道である。当初は「中仙道」と書かれていたが、1716年、新井白石の進言により公的には「中山道」に統一された。中山道は江戸日本橋から京都三条大橋までの六十九次、距離にして約526㎞。これは東海道より30㎞ほど長く、宿場は16宿も多い。中山道には険しい山道が多く、寒さも厳しい。当然、一日で歩ける距離も短くなる。宿場が多かったのはそのためだといえる。

それに比べ、東海道は海沿いをたどるコースで険しい山道は少なく、気候も温暖。街道もよく整備されていた。中山道に比べれば快適な旅ができるはずだ。にもかかわらず、東海道を避け中山道を歩く旅人も多かった。**最大の理由は、東海道には難所が多かったからである。**

東海道と中山道の宿場町（人口上位）

東海道					中山道				
宿名	国名	人口	家数	旅籠数	宿名	国名	人口	家数	旅籠数
品川	武蔵	6,890	1,561	93	板橋	武蔵	2,448	573	54
神奈川	武蔵	5,793	1,341	58	蕨	武蔵	2,223	430	23
江尻	駿河	*6,498	*1,340	50	鴻巣	武蔵	2,274	566	58
府中	駿河	14,071	3,673	43	熊谷	武蔵	3,263	1,075	19
島田	駿河	6,727	1,461	48	深谷	武蔵	1,928	524	80
浜松	遠江	5,946	1,622	94	本庄	武蔵	4,554	1,212	70
岡崎	三河	6,494	1,565	112	倉賀野	上野	2,032	297	32
熱田	尾張	10,342	2,924	248	高崎	上野	3,235	837	15
桑名	伊勢	8,848	2,544	120	奈良井	信濃	2,155	409	5
四日市	伊勢	*7,114	*1,811	98	上松	信濃	2,482	362	35
大津	近江	14,892	3,650	71	加納	美濃	2,728	805	35
伏見	山城	24,227	6,245	39	高宮	近江	3,560	835	23

※宿村大概帳より。人口は天保14(1843)年調査　※「＊」は加宿・枝宿を含む

「箱根八里は馬でも越すが、越すに越されぬ大井川」といわれたように、東海道には行く手を阻む大きな河川が何本もあった。

最も有名なのが大井川だ。江戸防衛の目的から、大井川には架橋も渡船も許されず、川越人足に頼るしかなかった。だが、上流で雨が降るとたちまち増水する。水位が増すごとに川札代もつり上げられた。この料金がまた馬鹿高い。宮（熱田）から桑名までの、七里の渡しの船賃より高かったという。しかも、一定の水位を超えると川止めを食らう。1日、2日の川止めで済む

とは限らない。一定の水位まで下がらなければ、何日間でも川止めを食わされる。この間の宿代が大きいのだ。東海道での歩行渡しは大井川ばかりではない。安倍川や酒匂《さかわ》川でも歩行渡しが唯一の交通手段だった。

関所も、旅人にとっては難所で、東海道の取締りはどの街道にも増して厳しかった。そのため、少々大回りしても険しい山道があっても、安心して歩ける中山道の方がましだということなのだろう。

一方、中山道は山深いルートだったとはいえ、箱根峠ほどの険しさではなかった。それに、**中山道の大きな魅力は、宿賃が安いこと**である。東海道の旅籠《はたご》より2割ほど安かったというし、もてなしもよかったらしい。風景もよく、東海道のように人の往来も多くなかったので、のんびりした旅が楽しめた。

ちなみに、参勤交代で東海道を通る大名は150家だったのに対し、中山道は約30家と少ない。この面でも気分的に気楽だったのだろう。冬の寒さは厳しいが、夏は涼しく、東海道よりはるかに快適な旅ができた。東海道に松並木が多かったのは、真夏の炎天下に涼をとるための道路施設だったともいえる。

11

日本一大きい宿場町が、東海道の「宮（名古屋市熱田区）」にあったワケ

東海道には箱根八里や大井川の川越え、関所など、いくつも難所があった。「七里の渡し」も大変な難所だったのである。宮（熱田）から桑名までの七里（約28㎞）を船で渡るのに6時間あまりも要した。船酔いする人には、この七里の渡しはまさに地獄、東海道最大の難所だったに違いない。海が荒れることもあっただろう。3代将軍家光も、七里の渡しが大の苦手だったという。

そのバイパスが、尾張初代藩主の徳川義直が開いたとされる佐屋路《さやじ》だ。宮から桑名まで、佐屋路だと九里、七里の渡しより二里ほど長くなる。しかも途中、佐屋川や木曽川を渡る三里の渡しもあった。それでも七里の渡しよりは、ましだったのだろう。

五街道と脇街道の宿場の概要を記録した「宿村大概帳《しゅくそんたいがいちょう》」によると、江戸末期、東海道五十三次には、3000軒近く旅籠があった。一つの宿場に平均55軒あまりの旅籠

があったことになる。人口の多い江戸の周辺や京都に近い宿場には、旅籠の数も多かった。商人や、近くの寺社巡りなどに出かける旅人たちにも利用されたとみられる。難所を控えた宿場にも旅籠は多かった。たとえば、箱根八里の東の麓の小田原には95軒もの旅籠があった。その手前の大磯（66軒）、平塚（54軒）、藤沢（45軒）などと比べるとかなりの多さだ。西側の三島にも、74軒もの旅籠があった。

だが、これよりもはるかに多い旅籠のあった宿場がある。**七里の渡しの港があった宮宿（熱田）で、２４８軒と群を抜く多さだった。**もう一方の桑名宿にも、１２０軒の旅籠があった。旅籠が１００軒を超えるのは五街道すべてにおいても、宮と桑名と、家康が生まれた岡崎（１１２軒）だけだ。**宮は熱田神宮の門前町でもあり、熱田神宮へ参詣する旅人も多かった。また、名古屋城下への入口にもあたり、佐屋路との分岐点にもなっていた。**飯盛女の数も、宮は東海道一の多さだったという。

昼過ぎに宮に到着した旅人も、七里の渡しでは、その日のうちに桑名にたどり着くことは難しく、宮に泊まった旅人も多かったと思われる。現在、宮の港跡には常夜灯が立ち、往時の面影をしのばせている。

12

浜松から浜名湖を通る道は、なぜ「姫街道」といわれた？

経済が発展し、人々の往来も盛んになってくると、五街道ばかりではなく、その他の道も整備する必要が出てきた。五街道以外の幹線道を脇街道、もしくは脇往還といい、美濃路、佐屋路、本坂道《ほんさかみち》、日光御成《おなり》街道、壬生《みぶ》街道、日光例幣使《れいへいし》街道、水戸街道、佐倉街道など、いくつもの脇街道があった。

だが、幕府の道中奉行が管轄する五街道と違って、脇街道は各藩の大名にその管轄を任せていたため、五街道のように整備が行き届かなかった。そこで、重要性が高まってきた五街道に付属する脇街道は道中奉行が管轄するようになり、架橋や渡船、並木、一里塚なども整備されるようになった。

東海道の脇街道である本坂道は、姫街道とも呼ばれていた。決して、お姫様の行列が通った街道ではない。**本坂道は浜松宿または見付宿から浜名湖の北岸へ回り込み、**

本坂道と新居関

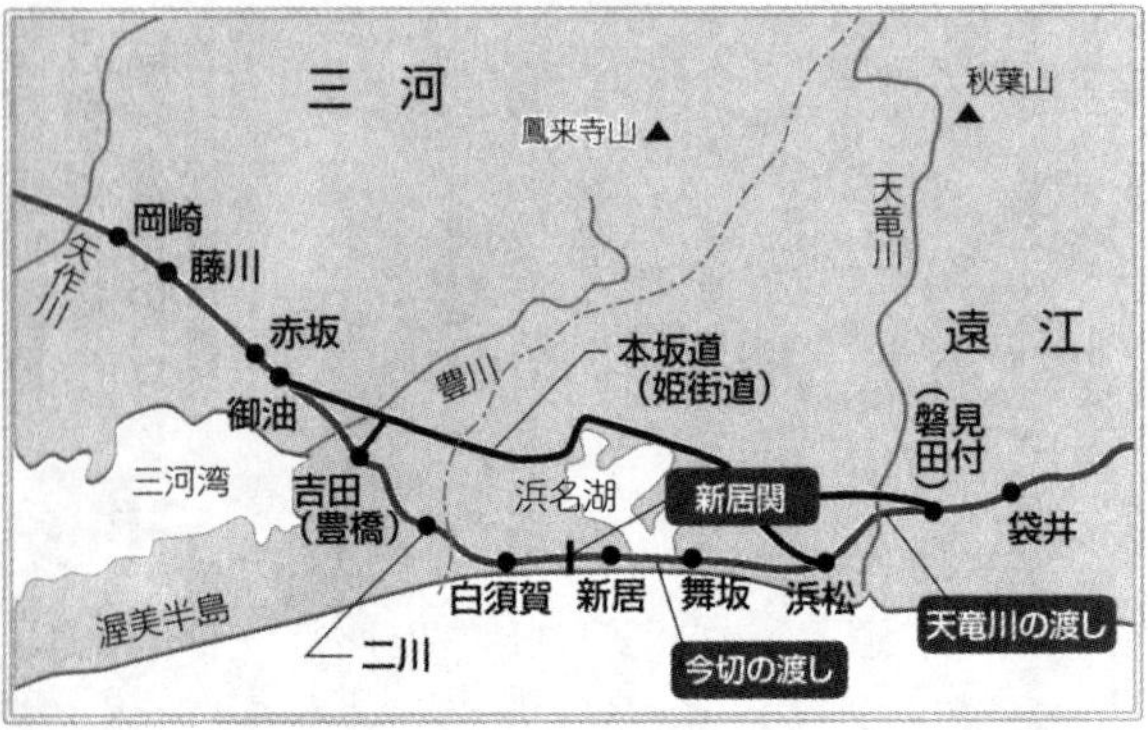

本坂峠を越えて東海道の御油《ごゆ》宿または吉田宿に合流する街道で、婦女子の通行が多かったことから、姫街道と呼ばれるようになったという。

浜松宿と御油宿の間に、新居関《あらいのせき》という東海道の関所がある。ここでの「入鉄砲出女」の取締りが厳しかったのである。特に出女、すなわち人質として江戸に常住させている諸大名の妻子に対する取調べは、身の毛立つほどの厳しさだったというから、迂回して新居関を避け、本坂道を通ったのである。

新居関は箱根関とともに、諸大名の謀反を防ぐ重要な役割を果たしてきた。当時の建物が現存するのは、全国で新居関だけだ。

江戸近郊の主な脇街道

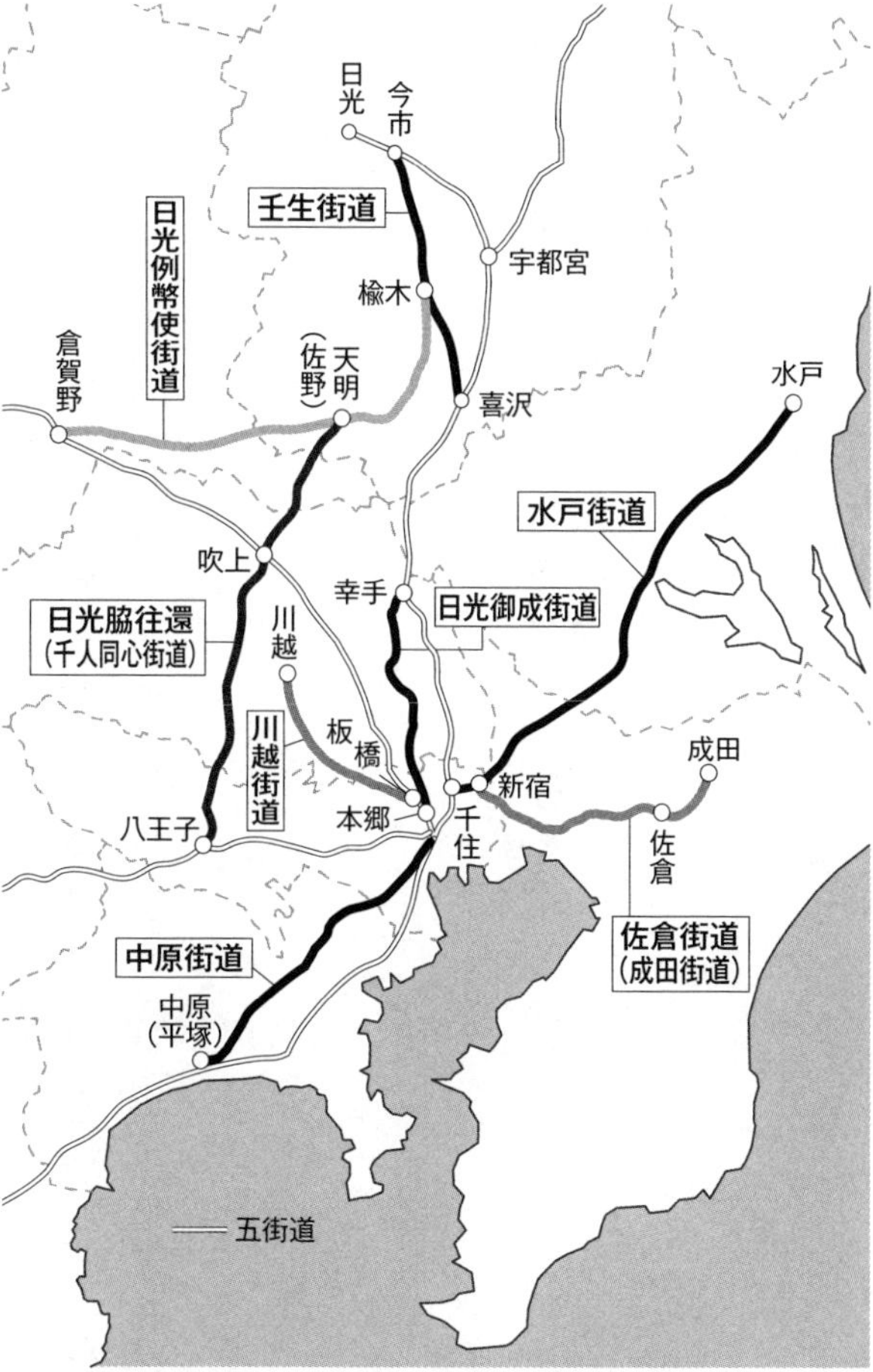
日光
今市
壬生街道
宇都宮
日光例幣使街道
楡木
倉賀野
天明
(佐野)
喜沢
水戸
水戸街道
吹上
幸手
日光御成街道
日光脇往還
(千人同心街道)
川越
板橋
川越街道
成田
新宿
本郷
千住
八王子
佐倉
佐倉街道
(成田街道)
中原街道
中原
(平塚)
五街道

婦女子が姫街道を通ったのには、もう一つの理由がある。浜名湖の湖口に、今切の渡しがあり、「今切」が「縁切れ」に通ずるとして、縁起が悪いから避けたともいわれる。毎年4月、姫街道の名にちなんで、当時の風俗に扮する姫道中が本坂道を練り歩く。

13
鎖国時代でも保たれた外交の証し、「朝鮮人街道」

1633年に鎖国令が出されて以来、日本は外国との交流を閉ざし、鎖国時代に入った。そんな状況下でも、中国やオランダ、琉球とは交流を持っていたが、正式な外交関係があったのは、李氏朝鮮（朝鮮王朝）だけだった。

朝鮮との外交関係は足利義満の時代からあったが、秀吉の朝鮮出兵以来、両国の国交は断絶状態に陥っていたのである。徳川家康は朝鮮との修好をはかり、国交を回復させることに成功した。1607年には、国書と贈物を携えた朝鮮からの使節団が日本に派遣されてきた。それが朝鮮通信使である。

通信使の訪日は明治維新まで12回を数えた。1回から3回までの派遣団は、対馬藩主宗氏による国書の偽造に対する回答と、文禄・慶長の役で日本に拉致された朝鮮人の刷還《さっかん》を求めることを名目とする派遣であったため、「回答兼刷還使」と呼ばれた。

朝鮮通信使のたどった経路は、釜山《プサン》から船で対馬に渡り、そこからは藩主宗氏の家来が同行し、関門海峡、瀬戸内海を通って大坂に上陸。淀川を船で遡って京都入りした。京都からは東海道を歩き、草津から中山道の経路をとった。守山を過ぎ、野洲から琵琶湖岸を走る朝鮮人街道を通って、安土、彦根を経由して鳥居本で再び中山道に合流した。

朝鮮人街道は、信長が安土に城を築いたときに、京都への道として整備したもので、朝鮮通信使が通ったことからこの名がある。垂井からは美濃路で宮（熱田）へ。そこから東海道で江戸に達した。

朝鮮通信使の総勢は400～500人、それに宗氏の家来が1000～2000人同行したというから、参勤交代の大名行列さながらの大行列だった。しかも、異国の使節団とあって風俗、衣装も珍しく、沿道は見物人であふれたという。朝鮮通信使の一行は、日本の文化にも大きな影響を与えた。

日本と朝鮮の友好のシンボルでもあった朝鮮通信使ではあるが、莫大な費用を要した。通信使一行の接待や、通行などに要する経費は毎回100万両以上にも上り、幕

朝鮮通信使のルートと朝鮮人街道

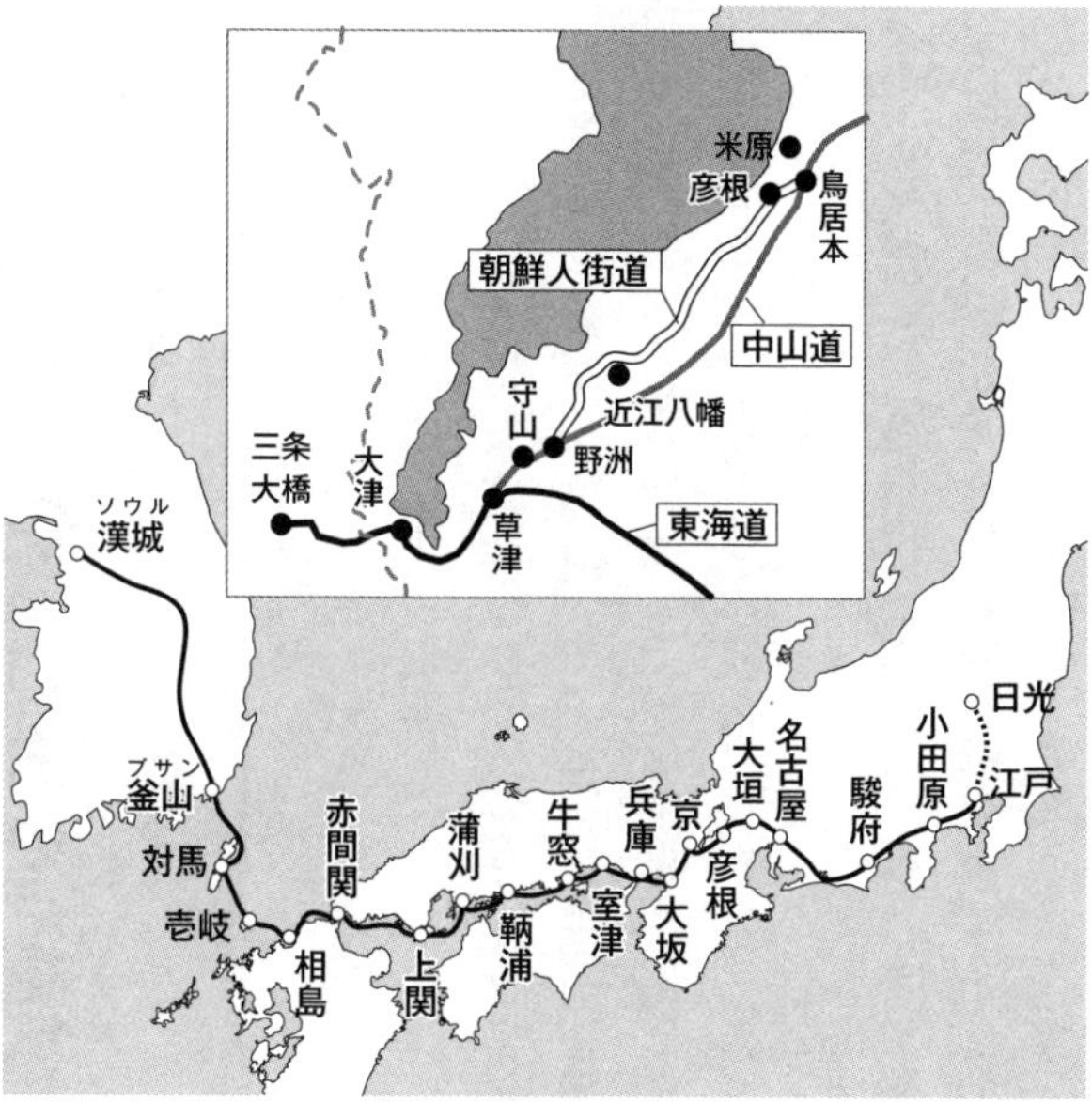

府の財政を大きく圧迫したのである。

　そのため、12回目にあたる1811年の通信使の派遣は、財政難を理由に、その場を江戸から対馬に移し、その後は政情不安定と財政難から、一度も実現することなく明治維新を迎えた。

14 上杉謙信も使ったあの「塩の道」は、今も健在！

「塩」の文字を使った地名が全国には無数にある。塩釜、塩川、塩崎、塩沢、塩尻、塩田、塩津、塩野、塩江、塩山、塩原などなど。

塩の字のつく地名は、沿岸部ばかりではなく内陸部にもある。塩が海から運ばれていたのである。それが「塩の道」で、全国には塩の運搬路はいく筋もあった。海から遠く離れた内陸に住む人にとって、塩の道は、命綱ともいえる重要な生活路だった。特に雪深い地方では、野菜などが収穫できない冬に備えて、漬物や味噌などをつくって保存しなければならなかった。

越後の上杉謙信が、武田信玄に塩を送ったという故事は有名である。戦国時代、駿河の今川氏と相模の北条氏は、共同戦線を張って甲斐の武田氏と戦った。武力では不利だとみたのか、今川氏と北条氏は、甲斐への塩の道を断つ作戦に出た。甲斐には海

「塩の道」は命綱ともいえる重要な生活路

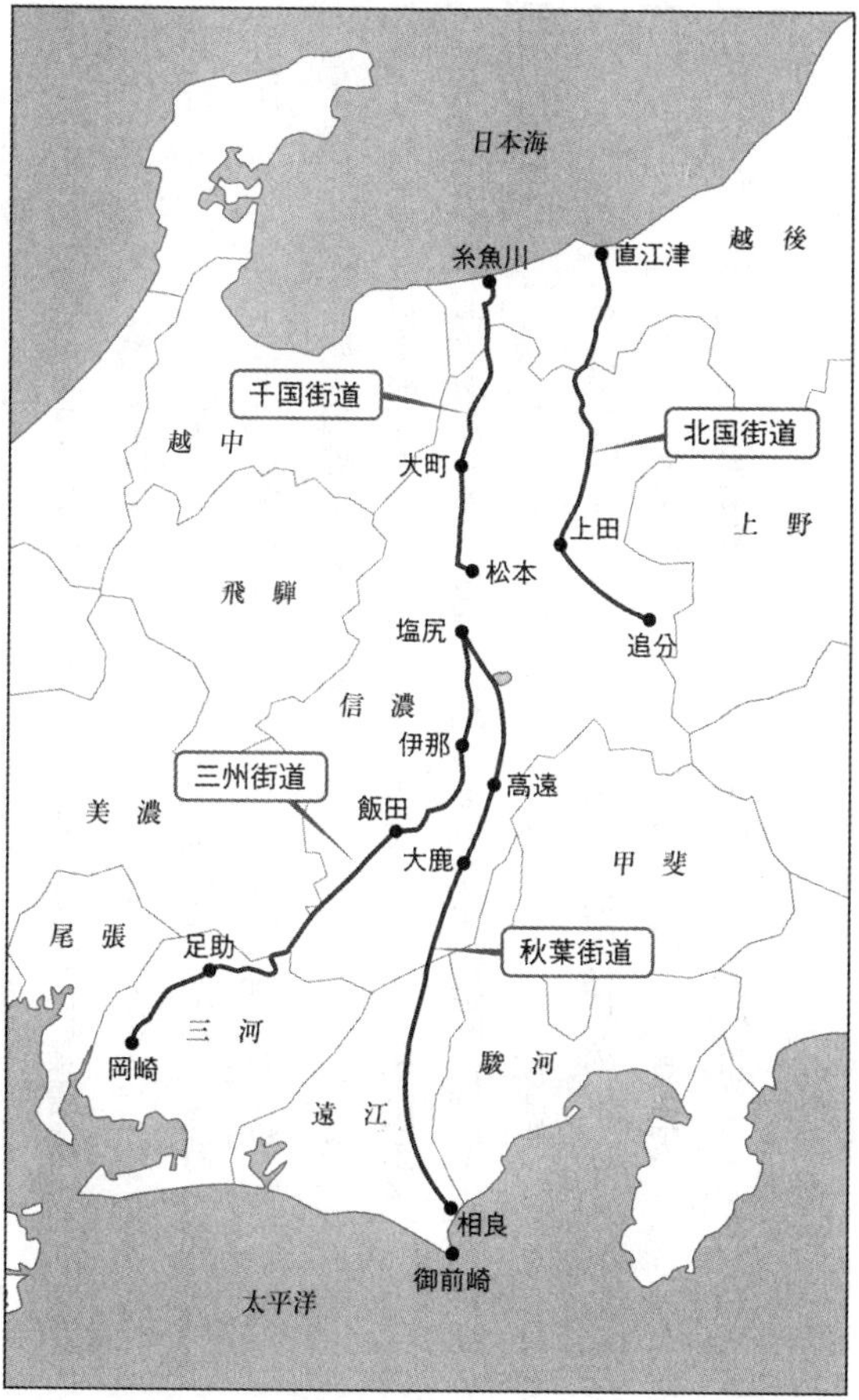

※塩の道は、ほかにいくつものルートがある

がない。塩は命の次に大切な栄養源だ。塩の道を断てば、武田氏は降伏せざるをえなくなる。そう読んだのだろう。しかし、それを聞きつけた上杉謙信は、その戦法は武士道に反するとして、敵対関係にあったにもかかわらず、武田氏に塩を送った。塩がいかに大切なものであったかを物語るエピソードである。だが、当時の記録はなく、文献に現れるのは200年以上後のこと。さらに、19世紀前半の文政時代になって歴史家の頼山陽がその文献を自著で紹介し、美談として世に広まったといわれる。

塩の道としては、日本海側では糸魚川から松本盆地に至る**「千国街道」**、太平洋側では、駿河湾岸の御前崎あたりから塩尻に通じる**「秋葉街道」**、岡崎から塩尻にいたる**「三州《さんしゅう》街道」**が有名である。塩尻市は日本海側からも、太平洋側からもほぼ等距離にある。尻はしっぽ、果て、などを意味する語だ。塩尻は塩の尻、すなわち塩の道の終着地だったことが地名の由来だといわれている。上田市にも塩尻という地名がある。ここは、直江津から**「北国街道」**を通って塩が運ばれた終着地だったという。

15 京都と小浜（福井県）を結ぶ若狭街道を、なぜ「鯖《さば》街道」という？

現代のように交通の発達していなかった時代、海から遠く離れた地域の人々にとって、魚介類は貴重な蛋白源だった。しかし、日本の都だった京都には海がない。そのため、魚が京都の人の食膳に上ることは少なかったことだろう。

今でこそ羽田空港や横浜港に代表されるように太平洋側が日本の表玄関だと思われがちだが、中世までは大陸と相対する日本海側が、表玄関だったのである。黒潮の影響を受けやすい太平洋側より、日本海側の方が航行しやすかったということもあって、江戸時代の代表的な港町は、太平洋側より日本海側に多かった。江戸時代から明治にかけて、日本海沿岸で活躍した北前船の「北前」は、日本海のことだという説もある。

若狭湾のほぼ中央に位置する小浜（福井県小浜市）は良港に恵まれ、古くから中国や朝鮮と交流があった。大陸文化の上陸地であり、京都への玄関口でもあったのである。小浜は京都への最短距離でもあったことから、京都との結びつきも強かった。小浜が「海のある奈良」と称され、国宝級の寺社が多いのもうなずけよう。

日本海に揚がった魚介類は、小浜から京都に運ばれた。この交通路が若狭街道である。京都へは2通りのルートがあった。一つは小浜から琵琶湖北西岸の今津へ抜ける道だ。小浜から今津まで約38㎞あったことから、九里半越えともいわれた。今津からは湖上を大津まで行き、そこから京都へ入った。もう一つは、琵琶湖の手前で南に折れ、琵琶湖西岸にそびえる比良山地の西側を通って花折峠、大原を経て京都に至る道だ。この道が京都への最短距離で、現在の国道367号にあたるルートである。

だが、京都まではどう急いでも丸1日かかる。保冷技術の乏しかった当時、魚介類を生のままで京都まで運ぶことは困難である。特に鯖の鮮度は落ちやすい。そこで、魚を塩でしめてから陸送する方法がとられた。行商人に担がれた鯖は、遠い道のりを京都まで運ばれた。ところが、輸送に丸1日要したところに大きな意味があったのである。京都に着いた頃には塩加減もほどよく、特に塩鯖は京都の人々に大変な人気を呼んだ。こんなところから、若狭街道のことを鯖街道と呼ぶようになったのだろう。

若狭街道（鯖街道）

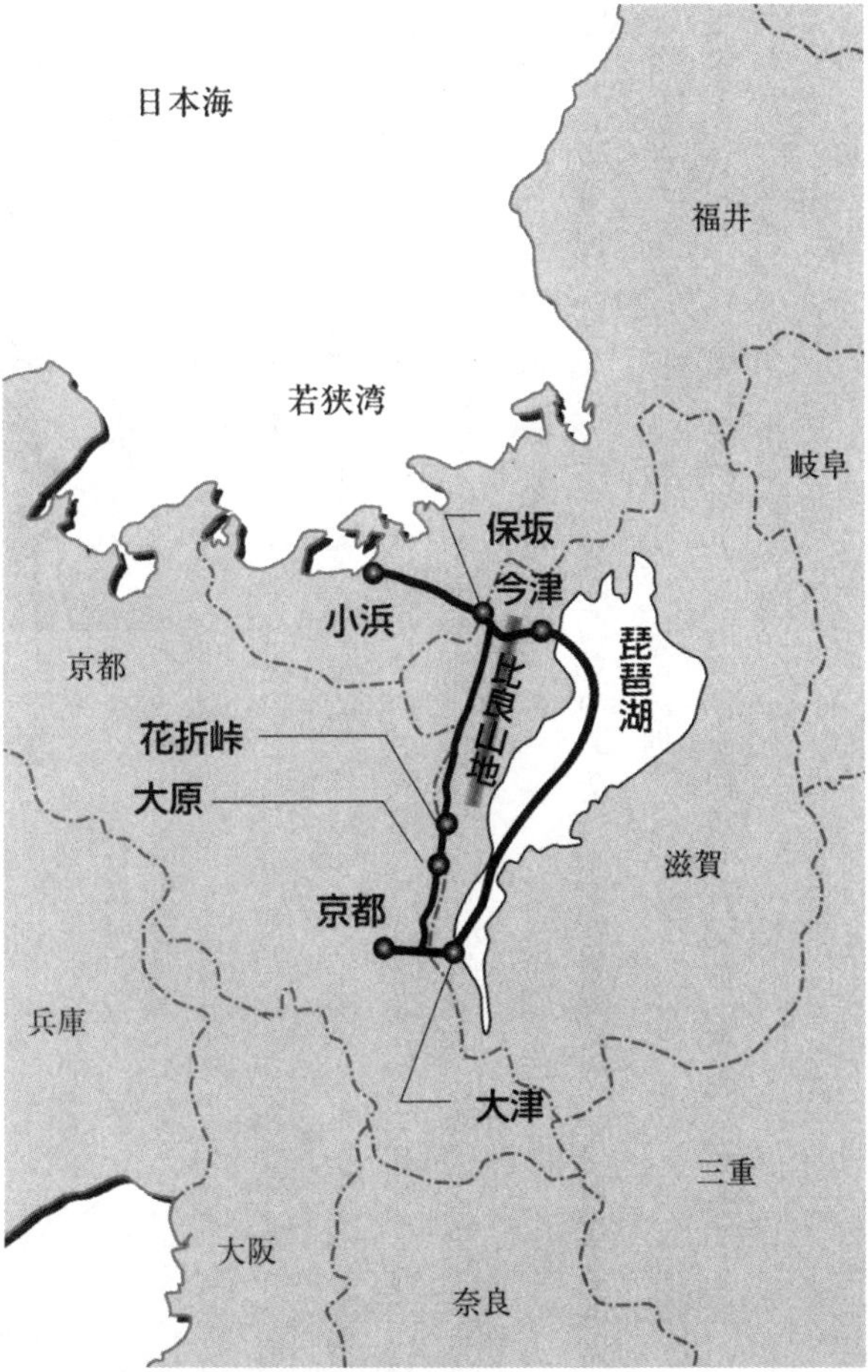
日本海
福井
若狭湾
岐阜
保坂
今津
小浜
琵琶湖
京都
比良山地
花折峠
大原
滋賀
京都
兵庫
大津
三重
大阪
奈良

16 遥かなる「シルクロード」が日本にもあった！

「絹の道」といえば、東洋と西洋を結ぶ古代の交通路としてあまりにも有名だが、その影響は海を越えた日本にもおよんだ。奈良時代になると、中国やペルシャからの物品も日本に持ち込まれ、奈良はシルクロードの最終地点とも呼ばれている。それに対して、いささかスケールは小さいが、日本国内にも絹の道が存在していた。実際にこの道を通って、絹が運ばれていたのである。

歴史はそれほど古くはなく、江戸後期になってからのことである。秩父や多摩地方は古くから養蚕業が盛んで、生糸の生産はこの地方の主要な産業だった。その集散地として栄えた八王子は、織物の町でもあった。伝統は今も受け継がれ、昭和30年代頃はネクタイ地の生産が全国の60％を占めていた。

1854年、日米和親条約によって下田、箱館が開港。1858年には日米修好通

日本のシルクロード

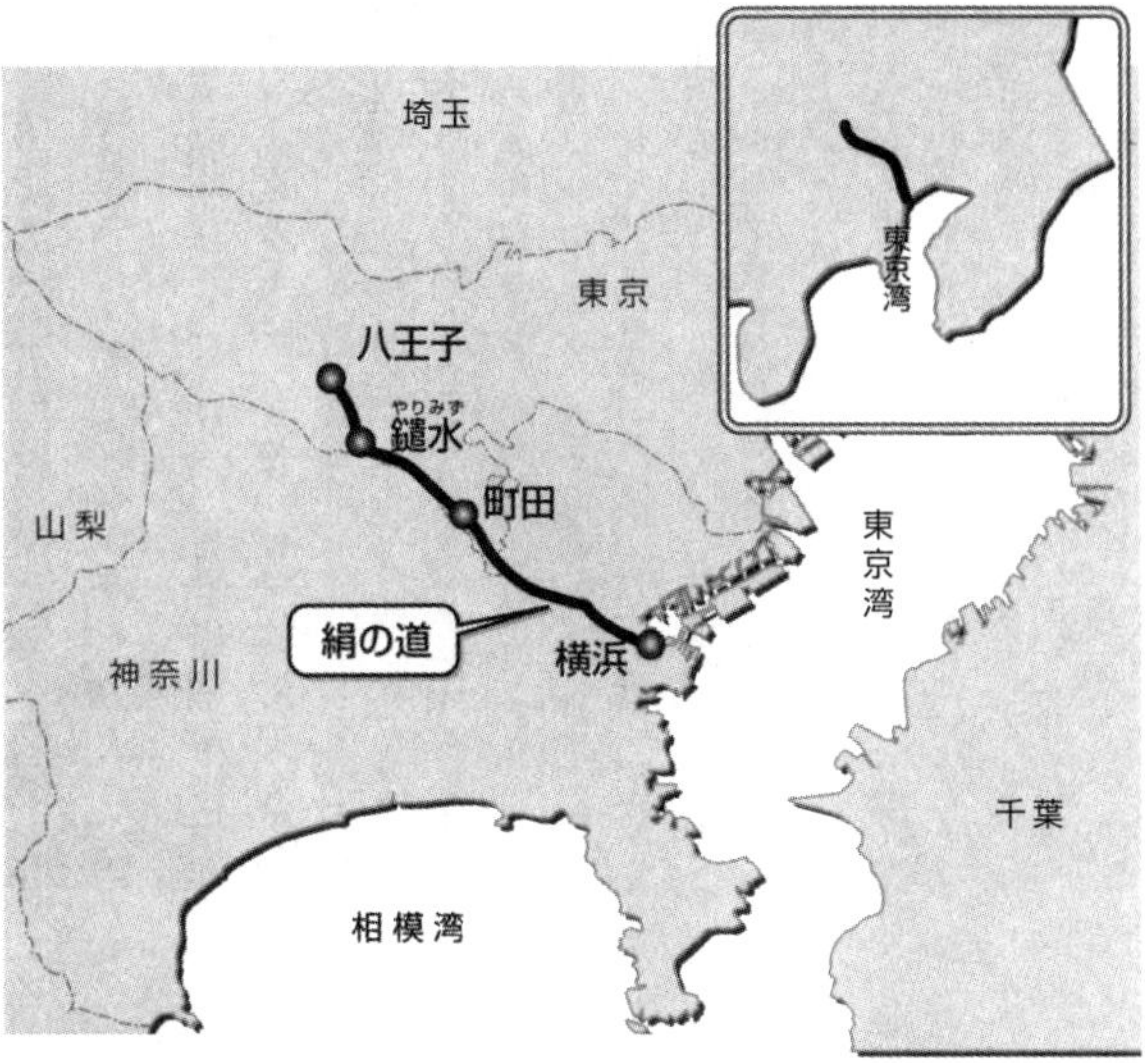

商条約が締結され、神奈川（横浜）、長崎、新潟、函館、兵庫（神戸）の5港が開かれた。その中でも横浜港は、最も貿易が活発な港になった。その中心が生糸、絹製品だったのである。

　貿易が盛んになると、生糸は秩父や多摩地方からばかりではなく、信濃、甲斐、上野などからも八王子に集まり、八王子は生糸の一大集散地としてますます栄えた。特に八王子の南にある鑓水《やりみず》村（現八王子市）からは、鑓水商人と呼ばれる多くの絹商人が生まれ、絹取引で富を築いた豪商たちの屋敷が、街道筋に軒を連ねた。

横浜港も生糸、絹製品の貿易が原動力となって著しい発展をみせた。**八王子から町田を通り、横浜港までの45㎞あまりの道のりが「絹の道」と呼ばれる街道で、この道を頻繁に絹商人が往来した**のだ。

しかし、1908年に八王子と東神奈川間に横浜鉄道（現在の横浜線）が開通すると、絹の輸送は鉄道に取って代わられ、「日本のシルクロード」とまで呼ばれたこの道は、すっかり廃れてしまった。かつての絹の道も、鑓水の一部に名残をとどめているにすぎない。

17
明治時代、山形県は意外にも「道路の先進県」だった!?

旅行などで山形県を訪れたことのある人なら、山形が道路の先進県だと聞いてもピンとこないだろう。先進県らしい要素が、ほとんど見当たらないからだ。

県の面積は9323㎢と、全国で第9位の広さを誇っているのに、道路の長さ（実延長）は全国で30位、道路面積（道路敷）は25位、舗装率26位、中央分離帯の設置距離も34位（以上2020年3月末）というように、誇れるような数値ではない。

1980年代には山形自動車道が開通し、以降、東北中央自動車道、日本海東北自動車道、新潟山形南部連絡道路などが開通しているが、他県に比べて特に道路整備が進んでいるとも思えない。この山形県のどこが先進県だといえるのか、首を傾げたくなるが、明治時代は全国でも有数の道路先進県だったのである。

1876年に初代の山形県令（現在の県知事）になった三島通庸《みちつね》は、山形県の劣悪

山形県の万世大路

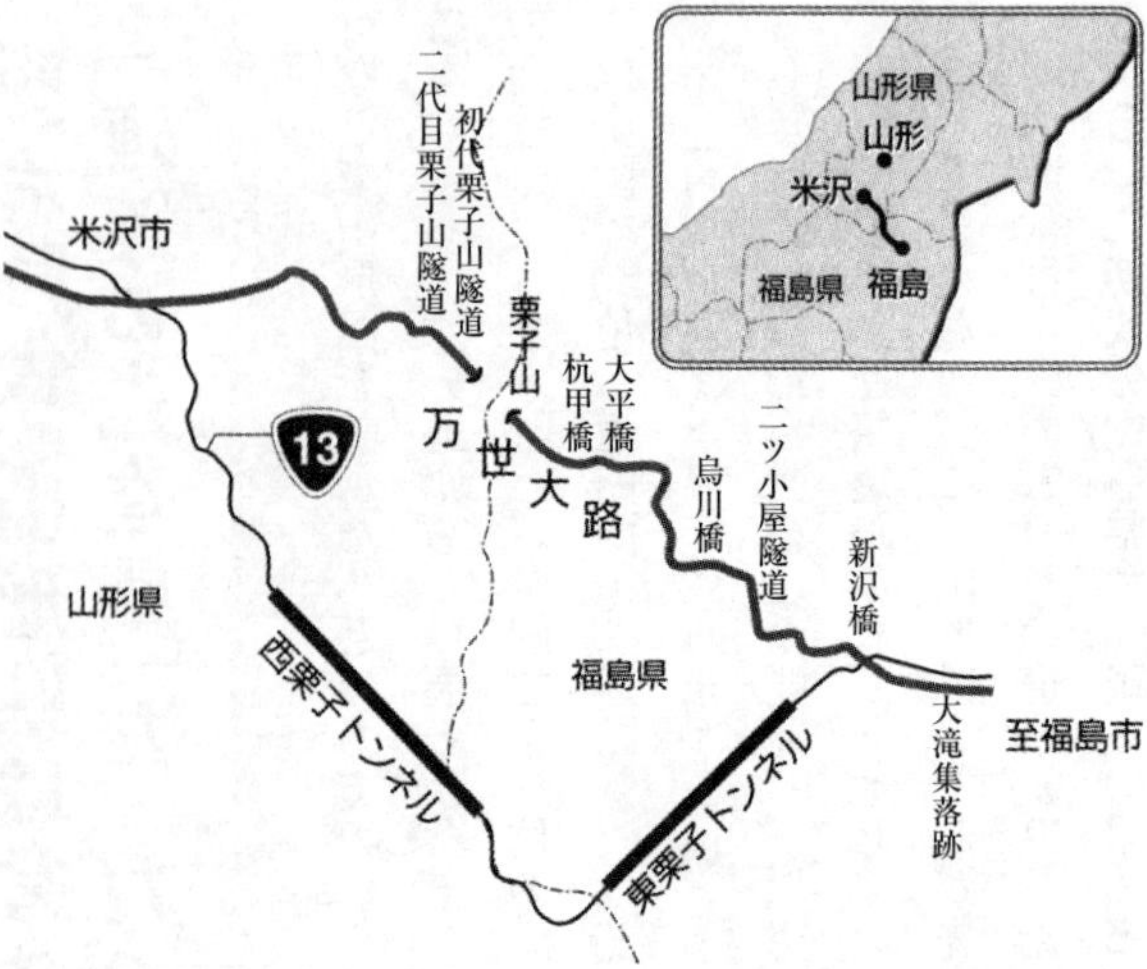

な道路の現況を目の当たりにし、道路整備の必要性を痛感した。山形県は、農業は盛んに行われているが、せっかく収穫した農作物の輸送手段がない。牛馬や荷車の数も少なく、もっぱら農作物を人間が背負って運んでいるというありさまである。

三島県令は、「県民の暮らしを豊かにするにはまず道路を整備し、経済活動を活発にさせる必要がある」と力説し、大規模な道路建設を推進した。三島はこのほかにも土木事業を積極的に推し進め、

「道路県令」「土木県令」とも呼ばれた。
三島県令が在任した６年間に、23か所の幹線道路約３５０㎞を改良し、６本のトンネルを建設し、65か所の橋を架けた。なかでも、１８８１（明治14）年に完成した米沢と福島の間に横たわる奥羽山脈を抜ける栗子山隧道《ずいどう》（８６４ｍ）は、当時としては鉄道トンネルを含めても日本一の長さであった。開通式には明治天皇を迎え、路線全体に「万世大路《ばんせいたいろ》」の名を賜ったのである。栗子山隧道は１９３６（昭和11）年に栗子隧道に改称されたが、現在は閉鎖されている。

　東北地方を訪れたイギリスの旅行家は、みちのくの悪路に閉口したものの、山形県に入るなり、その道路の立派さに驚いている。道幅は広く、交通量も多くて非常に繁栄していた、という感想である。

18 東京に走るはずだった、幅100メートルの「幻の道路」の正体とは!?

日本の城下町の道は複雑だ。敵の侵入を少しでも食い止めるために、わざと複雑にしているのである。各地の城下町でよく見かけるが、道の形が「鍵の手」（鉤の手、枡形など）になっている。道を直角に曲げた後、逆側にもう1回直角に曲げるクランク状の道のことで、宿場町の出入口でもよく見られる。「食い違い」は、2本の道が交差する部分で、十字路にしないで少しずらして付けることだ。「丁字路」は交差する片方の道が突き抜けない形態のこと。アルファベットのTではなく、漢字の「丁」が正しい。このほか、道の先が詰まっている「袋小路」もある。

江戸もやはり城下町であり、複雑につくられた道が多い。しかし、世の中が平和になれば複雑な道は邪魔になってくる。火災などの災害は悲惨な結果をもたらすが、その後の復興は道路修復のまたとない機会となる。1657年に起きた明暦の大火では、江戸の半分が焼き尽くされたという。その後は延焼による火災を防ぐために、火除地や広小路が設けられた。現在の上野広小路もこのとき新設されたものだ。

1923年の関東大震災でも、東京は焦土と化した。そして、第二次世界大戦の東京大空襲で三たび灰塵に帰した。大火災が大被害につながった原因の一つは、道路の狭さにある。道路が狭いと、ひとたび火災が発生すれば、延焼を防ぎきれない。一方、避難できる空間が各所にあれば、多くの犠牲者を出さずに済む。

関東大震災後、内務大臣兼帝都復興院総裁の後藤新平は東京復興計画を打ち出した。しかし、それには莫大な予算が必要なことから反対意見が多く、結局この計画は押し潰され、現在の昭和通りなど、計画のごく一部が実施されるにとどまった。

第二次世界大戦後にも、壮大なスケールの東京戦災復興都市計画なるものが打ち出された。もしこの計画が実現していたら、東京には名古屋や札幌にあるような、道路幅が100mもある幹線道路が縦横に走っていたはずだ。しかし、事業より先に人口が膨張しはじめ、また財政難から事業計画の見直しを余儀なくされた。そのため計画は大幅に縮小され、無秩序、無計画な超巨大都市が出来上がってしまったのである。

19 ローマ帝国の繁栄を支えた「道」の秘密とは？

本章の最後に、世界の道にも少し目を向けてみたい。先史時代の道は、人々の暮らしの中から自然発生的に生まれたものだが、古代文明が発生し国家が誕生すると、道も計画的につくられるようになった。権力者が支配をより強固なものにするためには、道は不可欠だったのである。

古代の道で、世界的に最も大規模で組織的なものとして知られているのが、ローマ帝国が建設した道路網である。「すべての道はローマに通ず」のことわざがあるように、道路網の全長は幹線だけでも8万5000㎞にもおよんだ。

日本の高速道路の全長が9000㎞あまりだから、ローマ道がいかにスケールの大きなものであったかがわかるはずだ。

ローマ道の特徴は、ある地点と地点を直線、すなわち最短距離で結び、しかも勾配

古代ローマの道

の少ない平坦路を原則としたことだ。平坦で直線的な道路が、効率の視点から、いかに優れていたかを、古代ローマ人は心得ていたのだろう。

ローマ道で最も有名なのが、紀元前312年に建設されたアッピア街道で、道路幅は8mあまりもあった。しかも、ただ単に地面を平坦にならしたという単純なものではなく、現代の舗装道路の原型ともいえる本格的なものだったという。現代のものに近いコンクリートを発明したのは古代ローマ人だった。紀元後476年に西ローマ帝国が滅亡してローマ道は荒廃したが、今もローマ郊外にはローマ道の遺跡があり、一部は現在でも使われているというのだから驚かざるをえない。

古代の道は、ローマ道のほかにも各地にあった。地中海のクレタ島やマルタ島に残る古代道路は、紀元前2000年頃のものだというし、古代ペルシャの王道は、メソポタミアから小アジアに至る2500㎞の計画的な道路だった。このように、計画的な道路は古代から既に存在していたのである。

20 東西を結ぶ交易路、「シルクロード」と名づけたのは誰？

古代のローマ道は軍事色、政治色の濃い道だったが、物資を運ぶために生まれた交易路も古代から存在していた。たとえば、バルト海沿岸で産する琥珀《こはく》を、地中海沿岸まで運んだ「琥珀の道」（アンバーロード）は、紀元前1500年以前から存在したヨーロッパ最古の道の一つだ。だが何といっても、交易路として最もよく知られているのは「絹の道」（シルクロード）だろう。

シルクロードは、中国と西南アジア、ヨーロッパとを結ぶ交易路で、中国の長安から中央アジアを横断し、ローマにまで通じていた。シルクロードは、古代からそう呼ばれていたわけではなく、近年になってから生まれた新しい呼称なのである。**ドイツの地理学者リヒトホーフェンが、19世紀末頃に著した著書の中で、この交易路を「絹の道」と表現したのが始まりだという。**古代の人々は絹の道をどう呼んでいたのか、興味深いテーマである。シルクロードを通って、中国西部の楼蘭《ろうらん》付近からは特産の絹が西へ運ばれ、西からは宝石や織物などが中国へ運ばれた。シルクロードは特定の1本の道を指したわけではなく、何本もの幹線道と無数の支線があり、しかも時代によって経路も変化しながら発展したのだといわれている。

一般にシルクロードというと、中国から中央アジアやメソポタミアのオアシス地帯を通り、西方と結んでいた「オアシスの道」を指すが、北方の草原地帯を通る「ステップの道」や、紅海、インド洋などの海路をとる「海の道」もシルクロードに含まれている。

シルクロードは物資の輸送路としてばかりではなく、東西文化の伝達路としても大きな役割を果たしてきた。宗教、音楽、舞踊やガラス、紙、火薬などの技術もこの道から伝播したといわれている。東洋と西洋とでは人種が違うばかりではなく、気候風土から生活習慣に至るまで、すべてが異なっていたといってもよい。その東洋と西洋が、互いに優れた文化を吸収しながら発展していったのであろう。シルクロードは、東洋と西洋のまったく異質の文化圏を初めて結んだ道としても意義があったのである。

2章

道路標識の「東京まで50㎞」、東京のどこまでの距離のこと？

——「現代道路」の知られざるトリビア

1 日本の道路を全部つなげると地球を何周する？

日本は小さい国である。総面積は37・3万㎢（北方領土を除く）で、地球の表面積（約5・1億㎢）の1367分の1を占めるにすぎない。その日本全土に張り巡らされている道路の延長距離は、果たして約何kmあるだろうか。

地球の大きさからみれば、日本は豆粒ほどの小さな国だが、北海道、本州、四国、九州の四大島をはじめ小さな離島に至るまで、道路は縦横無尽に走っている。その長さは相当なものである。

日本の道路の延長距離は122万7422km（以下実延長、2020年3月末現在・以下道路統計年報2021年版）。この数値を聞いてもピンとこないだろうが、**道路を1本につなぐと地球30周分以上の長さになる。**別の見方をすれば、ある人が車に乗って毎日1000kmを1日も休まずに走り続けたとしても、全部を走破するには33

年以上もの歳月を要するのだ。もちろん、車の走行ができないような細い道もあるので実行は不可能なのだが、日本の国土の狭さを考えると、これは驚異的な数値といえるだろう。

ここでいう道路とは、道路法による「一般交通の用に供する道」をいい、高速自動車国道、一般国道、都道府県道、市町村道の4種類に分類されている。

高速自動車国道（高速道路）は陸上交通の主役であり、日本の産業経済の発展には欠かせない存在である。しかし、全長は９０５０㎞で、道路全体のわずか０・74％にすぎない。

道路全体の84％は市町村道で、１０３万２７９０㎞にもおよぶ。次いで都道府県道が12万９７５７㎞（10・６％）で、一般国道は5万５８２６㎞（４・５％）だ。これからもわかるように、生活道路ともいえる末端の市町村道が、日本の道路の大部分を占めている。

これに自然歩道や林道、農道、サイクリング道路なども加えた道路の長さは、とてつもなく長いのである。

なお、道路の延長距離には大きく分けて総延長と実延長がある。総延長とは、実延長に重用《じゅうよう》延長、未供用延長、渡船延長を加えたものだ。後述するが、たとえば同じ道路でも2つの国道がダブっている場合があり、この区間を重用延長という。また、実は海上なども道路として指定されている区間があり、これを渡船延長という。未供用延長とは、認可はされているがまだ供用前の区間をいう。

2 道路の延長距離が日本一長い都道府県は？

道路は日本の隅から隅まで、まるで体内を流れる毛細血管のごとくに、網の目のように張り巡らされている。とはいえ、人口に過疎と過密があるように、道路にも過疎と過密地域がある。道路の密度は都市部で高く、山岳地帯や農村、山村地域で低いことは、常識的に考えれば誰にでもわかることである。

では、都道府県で道路の延長距離が日本一長いのはどこだろうか。**いうまでもなく北海道である。** 北海道はほかの都府県と比べてズバ抜けて大きく、面積は約7・8万㎢（北方領土を除く）と、日本の総面積の実に21％を占めている。道路の延長距離が9万674㎞で日本一長いのは当然のことといえる。

面積の順では岩手県が2位、福島県が3位となるのだが、道路の長さとなるとそうはいかない。岩手県も福島県も人口密度が低く、従って道路の密度も低い。

道路の延長距離の第2位は茨城県（5万5708km）なのだ。茨城県は県域の大部分が関東平野にあり、東京のベッドタウンとして都市化も著しい。山岳部が少ないので、道路が建設しやすいということもあるのだろう。面積は6097km²で北海道の12分の1にも満たないが、道路の延長距離は北海道の61・4％以上にもなる。3位が愛知県、4位長野県、5位埼玉県の順である。

反対に、延長距離が日本一短いのは沖縄県（8209km）で、鳥取県、香川県、福井県と続く。いずれの県も面積が狭い。ちなみに東京都の道路延長距離は2万4402km、大阪府は1万9804km。東京も大阪も道路密度は高いが、何といっても面積が狭い。なお、ここでいう道路には、林道や農道などは含まれていない。

道路距離（実延長）の長い都道府県10位

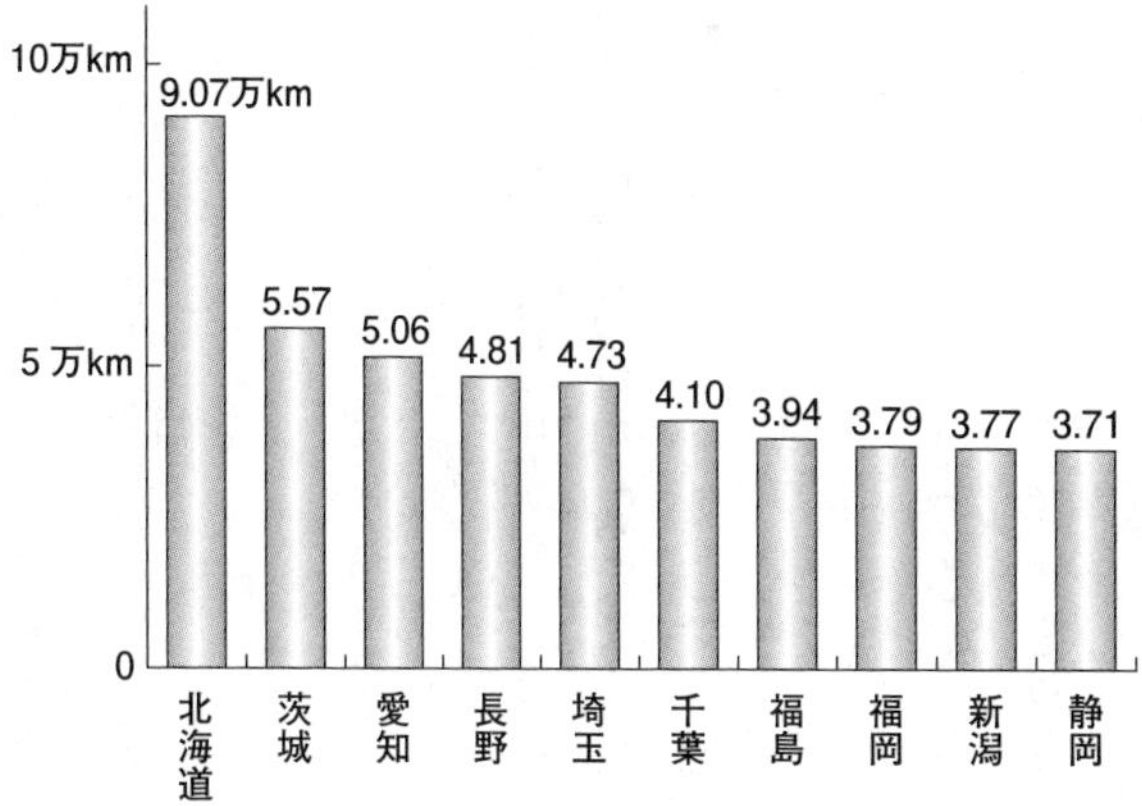

道路距離（実延長）の短い都道府県10位

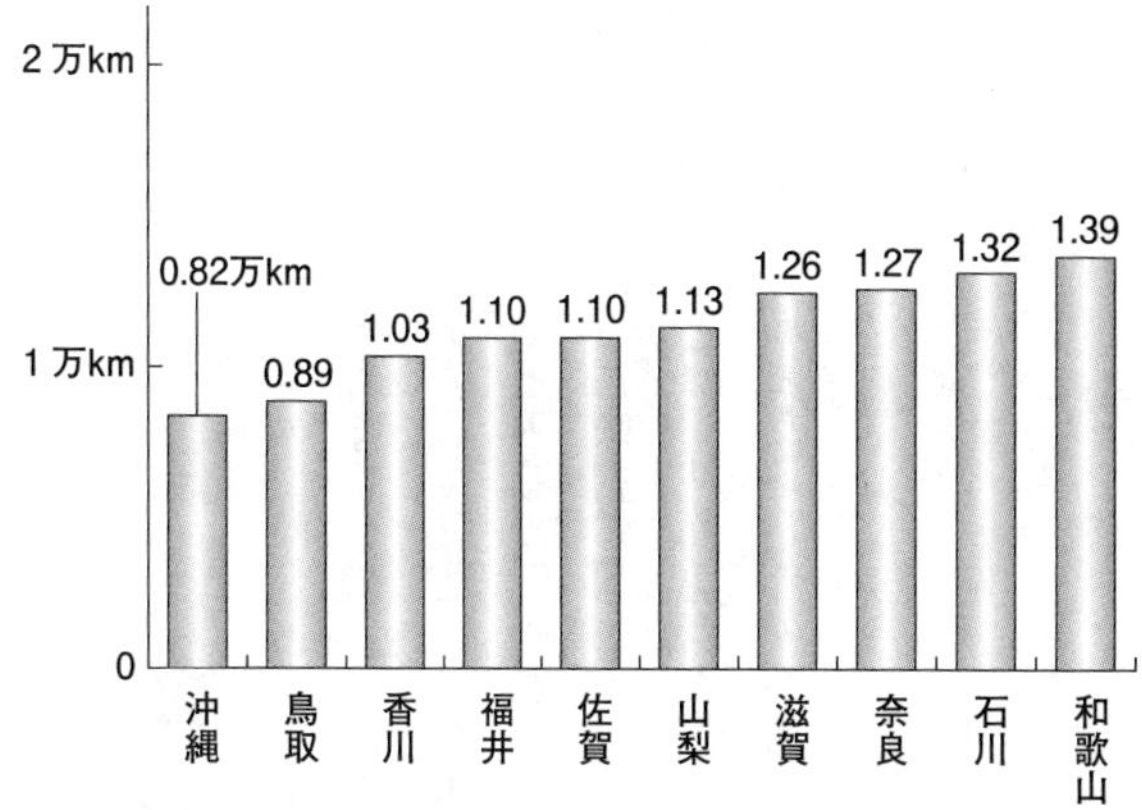

※2020年３月末現在

3 面積の広い北海道は道路面積もトップ？

日本の道路の延長距離122・7万kmの道路面積は、一体どれくらいの広さがあるだろうか。皆目見当もつかないだろうが、道路を一か所に集めたとすると、その面積は7757㎢と、神奈川県の3・2倍ほどになる。これを広いとみるか、それとも狭いとみるかは意見の分かれるところだが、日本の道路幅（幅員）は諸外国に比べ、著しく狭いことだけは確かなようである。ここでいう道路面積とは、法面《のりめん》を含んだ面積（道路敷）ではなく、車道、歩道、植樹帯、中央帯、路肩を加えた道路部の面積（道路部）とする。

道路面積を都道府県別にみると、道路の延長距離が長い都道府県は、道路面積も広くなるのは当然のことだが、両者は必ずしも比例していない。ひと昔前の話になるが、北海道に住む友人が、生まれて初めて津軽海峡を渡って筆者に会いに来てくれたこと

道路面積の広い都道府県10位（道路部）

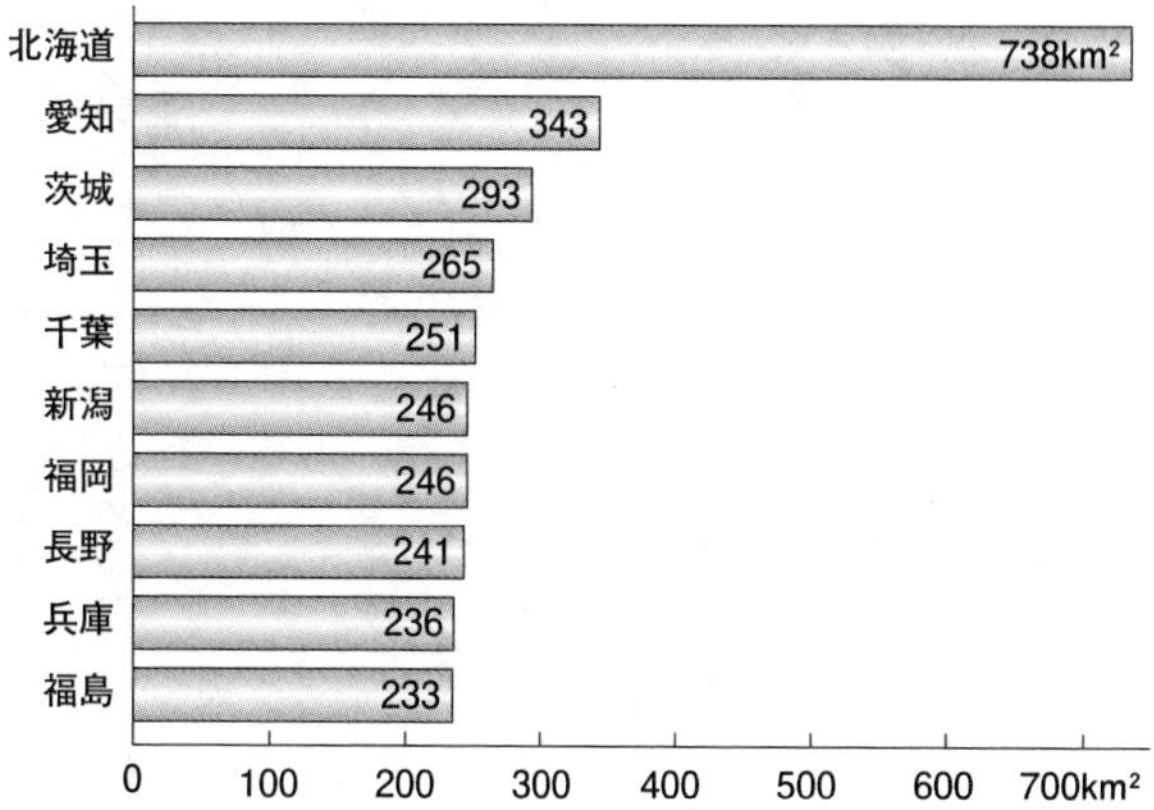

道路面積の狭い都道府県10位

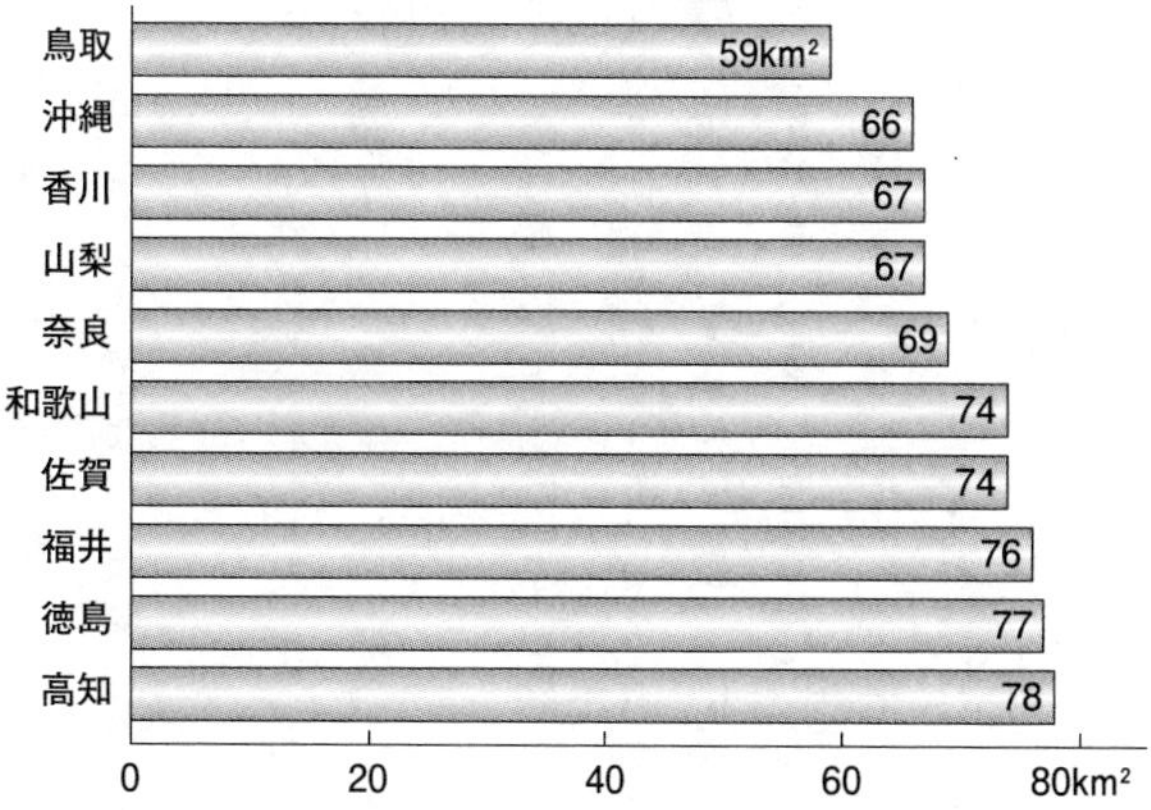

※2020年３月末現在

がある。その時の友人のセリフが、「こっちの道路は狭いね」であった。筆者は何度も北海道へ行ったことがあるが、特に北海道の道路が広いと感じたことはなかった。それだけに、友人の言葉は意外に感じた。

その時は、北海道に比べて車の通行量が多いから、道路が狭く感じたのだろうというくらいにしか考えていなかったが、友人の「道路が狭い」は、主に住宅地の中を走る生活道路の狭さを指していたのである。

そういえば、北海道では車のすれ違いができないような狭い道路はまずないといっていい。路地裏も比較的ゆったりしている。**幹線道路は格別広いというわけではないが、末端の生活道路の広さが、北海道の道路面積を押し上げる格好になっている。**

道路面積は北海道がダントツの1位で、2位の愛知県を大きく引き離している。道路の長さでは北海道の61・4％もある茨城県だが、道路面積は北海道の40％弱しかない。北海道の道路が広いことの証明でもある。4位は埼玉県、5位は千葉県である。道路面積が最も狭いのは鳥取県の59㎢で、以下、沖縄県、香川県と続く。

4 なぜ「名古屋市の道路は広い」と感じるのか？

道路の広い都市というと、多くの人がまず名古屋を挙げるだろう。「名古屋の印象は？」という質問に対して、返ってくる答えで一番多いのも「道路が広い」だという。確かに、名古屋の道路は広く感じられる。

軍需工場の多かった名古屋は、戦災で市中心部のほとんどが焦土と化したため、大胆な都市計画が実現できたという理由もあるだろう。100m幅の道路が市街地の中心部を南北に貫いており、片側4車線、5車線の道路が縦横に走っている。ほかの都市ではあまり見られない光景である。**では本当に、名古屋は日本一道路の広い都市なのか。実はそうではないのである。**

ここでは、政令指定都市の道路状況を比較してみたい。まず道路面積で見ると、1位は札幌市なのである。2位は名古屋市、3位は横浜市の順だ。

次に平均の道路幅（道路面積〈道路部〉÷道路の長さ〈実延長〉）だが、車などを運転していて道路が広いと感じる都市はどこだろうか。政令指定都市で最も広いのは札幌市で、平均道路幅は11・37ｍもある。2位は大阪市9・74ｍ、道路が広いと思われている名古屋市は3位で、9・04ｍである。以下、仙台市、堺市と続き、岡山市の5・41ｍが政令指定都市の中では最も狭い。

名古屋市の幹線道路の広さは、中央分離帯の設置された道路の長さが、政令指定都市では最も長いことでも裏付けられるが、半面、車も通行できないような狭い道路も多いのだ。それに比べると、札幌市は幹線道路の広さは名古屋市ほどではないが、前項でも述べたように、末端の生活道路が広い。それが全体として平均道路幅を広くし、日本一道路の広い都市になっているのである。

なお、政令指定都市を道路の延長距離で見ると、最も長いのは浜松市で８５２２㎞、2位は横浜市、札幌市は第7位という結果になっている。人口や市街地の広さも影響してくるため、その都市の面積とは必ずしも比例していないことがわかる。

政令指定都市の道路面積ランキング（道路部）

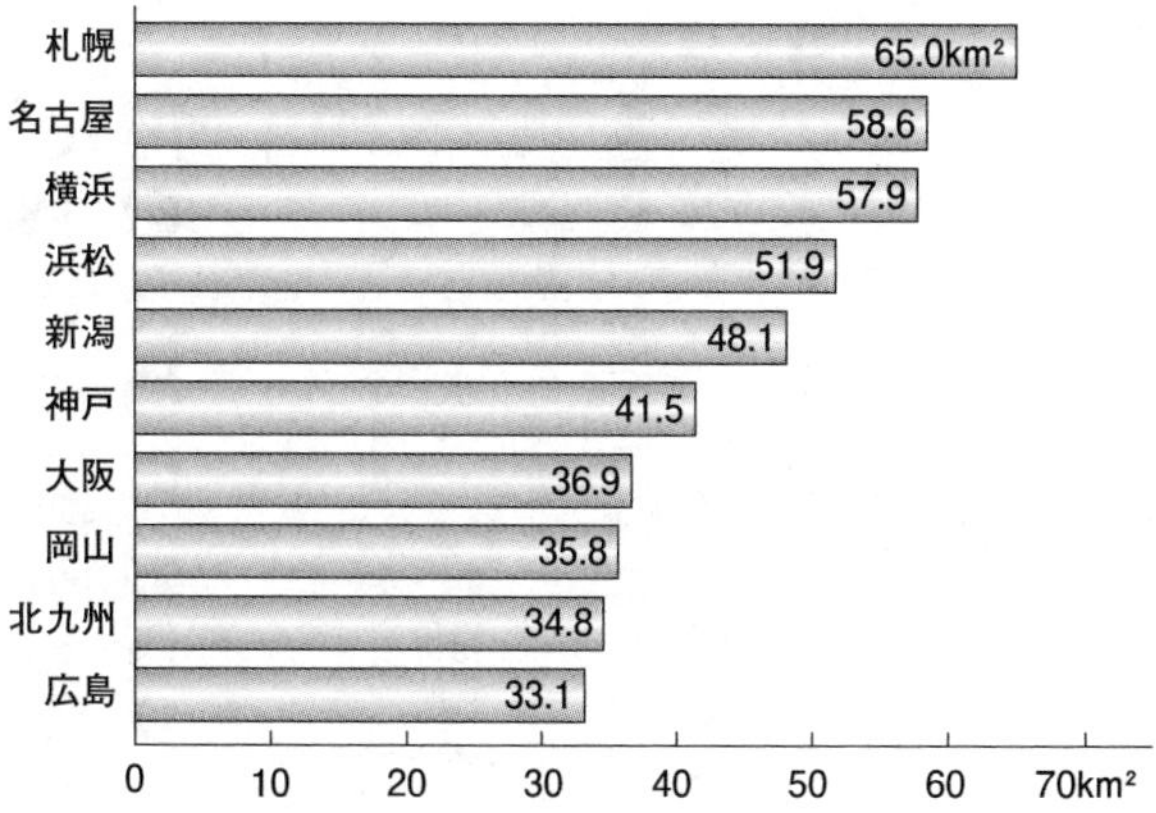

政令指定都市の道路幅のランキング

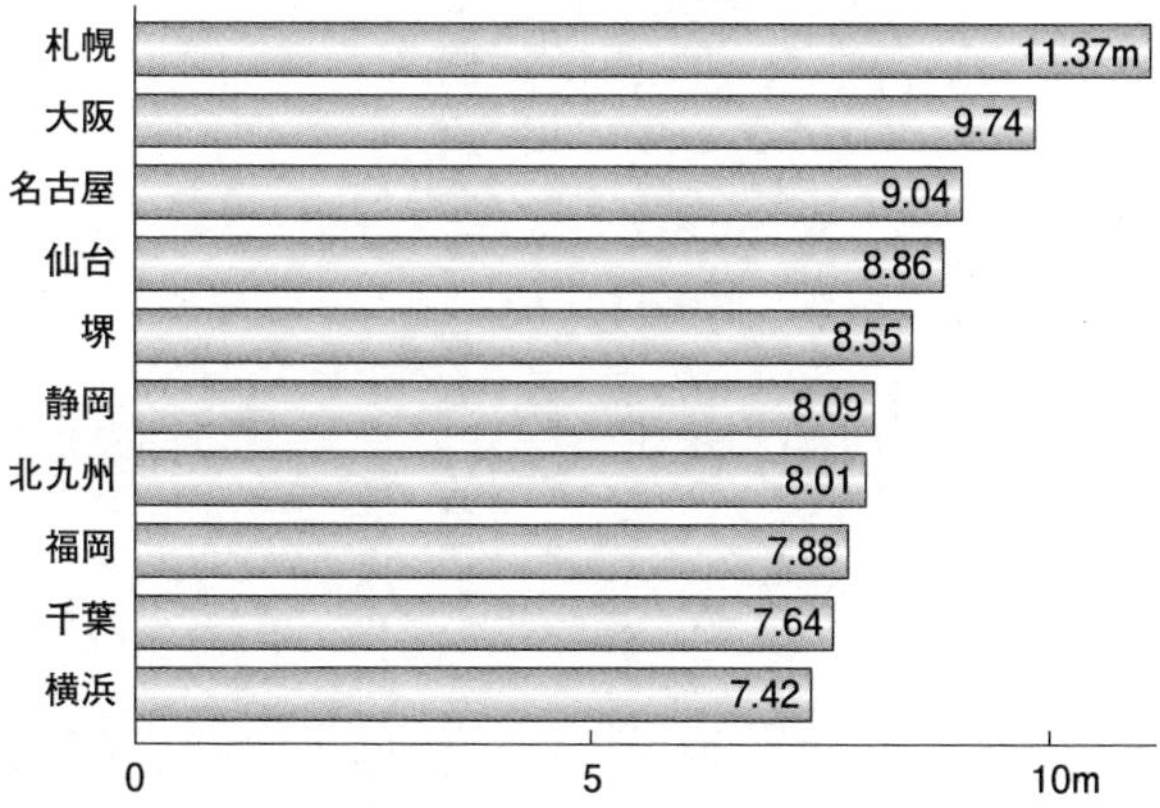

※2020年３月末現在

5 道路の中央分離帯は何のためにある?

交通安全上、道路に中央分離帯を設けた方がいいことはいうまでもない。対向車線が分離されることによって、**正面衝突という最悪な事態をまず避けることができる。**まれに、中央分離帯を突き破って、対向車線に飛び出してくることもあるが、ほとんどはこの分離帯で防ぐことができる。ドライバーも余計な神経を使わず、車の運転にも集中できる。もし、同じ車道幅で中央分離帯の設置してある道路と、していない道路があるとしたら、分離帯の設けてある道路の方が車の流れはスムーズで、渋滞率も低いはずである。だが、実際には許容量をオーバーしている道路が多いため、分離帯のある道路でも容赦なく渋滞しているというのが現実ではあるのだが。

中央分離帯は、**ドライバーに車の走行車線をわかりやすくする役目**もある。特に高速で走る道路とか、カーブのある道路では、車幅感覚を掴みやすい。また、中央分離

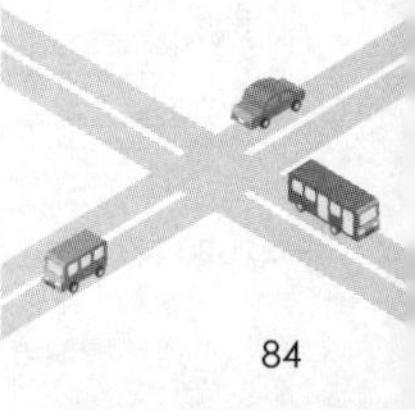

帯のない道路では、対向車のヘッドライトに目がくらみ、進路を誤る恐れもあるが、分離帯はそれを防ぐ役目も持っている。その意味でも、中央分離帯は幅が広いほどよく、樹木が植えてあれば、ヘッドライトの光を遮断するのに大きな威力を発揮する。このように、中央分離帯は交通事故の抑止に役立っている。

しかし、中央分離帯が障害になることもまれにある。たとえば、救急車や消防自動車が渋滞している道路に巻き込まれたとき、分離帯が邪魔になって車を追い越せない。右折やUターンもできない。そのため、現場への到着が遅れる恐れもある。だが、事故防止のためには必要な道路施設であり、今後も幅の広い道路には中央分離帯を設置していくべきだろう。

中央分離帯は道路の整備状況を見る目安の一つにもなっているが、都道府県別で見た場合、中央分離帯の設置率が最も高い都道府県はどこだろうか。大阪府が群を抜いて高く、とはいっても道路延長距離の4・4%を占めているにすぎない。2位は東京都(3・1%)、3位は愛知県(2・9%)である。以下、山口、沖縄、兵庫、神奈川と続く。最も設置率が低いのは長崎県で、わずか0・6%にとどまっている。

6 大都市に「環状道路」が多い、聞けば納得のワケ

道路は大都市を基点にして、放射状に延びている。逆の見方をすれば、地方から大都市を目指して道路が集まってきているといえる。まだ車の少なかった時代には、放射状の道路だけで充分に機能していた。だがこれだけ交通量が増えてくると、周辺から流入してくる車で都心は大渋滞し、都市交通はマヒ状態に陥っている。その打開策として登場したのが環状道路である。

環状道路の最大の目的は、都心への車の流入を防ぐことにある。**都心に用のない車、すなわち都心を通り抜けて行こうとする車をシャットアウトし、環状道路を走らせる**のである。そうすることによって都心への進入車両を減らし、渋滞を極力防ぐ。ひいては自動車による公害を緩和させようとする狙いもあるのだ。県外から東京に入ってくる車に、通行料を課すべきだと発言した政治家もいるが、都市交通はそれほど深刻

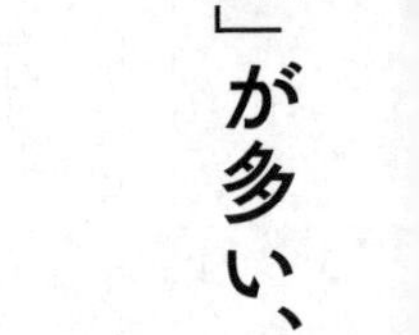

3環状9放射

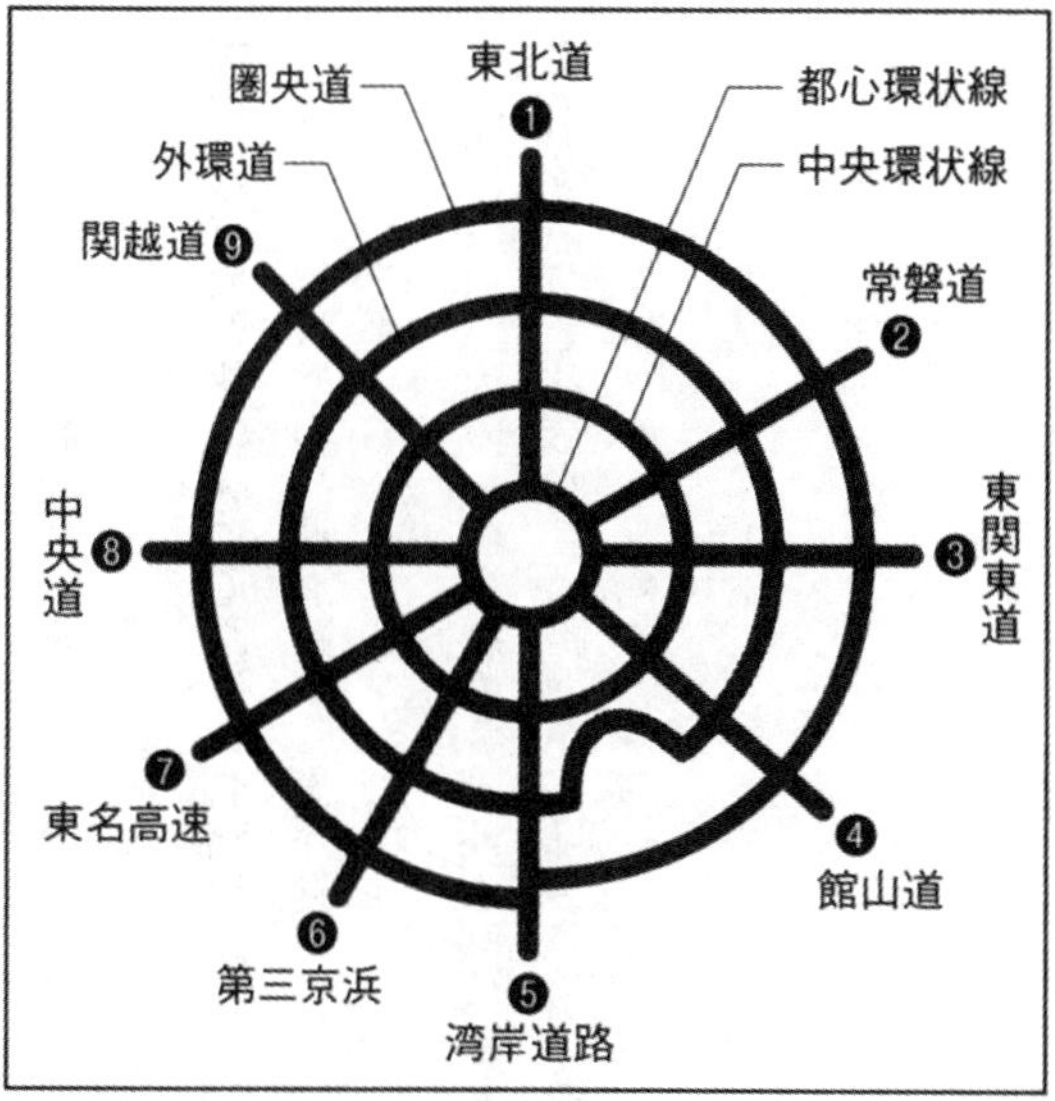

※首都圏高速道路を含めた高速道路。未開通部分を含む。

なのである。

環状道路には、周辺から都心に流入する車を分散させる役目もある。と同時に、迂回路としての役割も果たす。事故や工事などで道路が不通か、車線規制で渋滞している場合は、環状道路でほかの道路へ迂回させるのである。

また、環状道路には横のつながりを強める役目もある。大都市では1本の環状道路だけでは効果が小さい。

その意味でも、二重、三重と幾重にも張り巡らせる必要がある。クモの巣は一点を中心に放射状に延び、それを横の糸でつないで、縦ばかりではなく横への移動も容易にできるようにつくられている。環状道路もこれと同じ理屈である。

首都圏では、放射状の高速道路は東名高速道路や中央自動車道など早くから整備が進んでいたが、環状型の高速道路は整備が遅れていた。そこで急ピッチで建設が進められ、何とか「3環状9放射」というクモの巣状の形態ができあがってきた。

環状道路は東京、大阪、名古屋の3大都市圏ばかりではなく、地方の中核都市でも、規模こそ小さいがそれらしき道路網が整備されつつある。

7 道路のアスファルトとコンクリート、その違いとは？

舗装道路とは、アスファルトやコンクリートで覆われた道のことをいう。ただし、路面の保護・強化という意味では、石、レンガ、砂利などを敷きつめた道も、広くは舗装道路といえよう。

世界で最初の石による舗装道路は、紀元前２６００年ごろの古代エジプトのピラミッド建設といわれる。日本では縄文時代後期に敷石舗装の遺構が発見されているが、明確な記録としては１６８０年に建設された箱根の石畳がある。

世界で最初のアスファルト舗装の道路は、紀元前６００年頃、古代メソポタミアの中心都市バビロンで施工されたといわれる。アスファルト舗装というと近代的な技術に思うかもしれないが、天然のアスファルトは古代から、接着剤や防腐剤などに使われていたのである。

日本初のアスファルト舗装道路は、1926（明治15）年、明治神宮外苑前にある聖徳記念絵画館前通り（長さ約300m）だといわれている。現代建築の基となった工法が使われており、土木遺産にも選ばれている。また同じ頃、京浜国道（東京都品川区——横浜市神奈川区・約17km）と阪神国道（兵庫県尼崎市——神戸市灘区・約22km）がアスファルト舗装されたという記録がある。

一方、**コンクリート舗装の道路は、アスファルト舗装より耐久性、対摩耗性、視認性に優れている。そのため、ライフサイクルは長くなるが、初期コストが高くつき、アスファルトよりも振動や騒音が発生しやすくなる。**日本で最初のコンクリート舗装道路は、1912年、名古屋の大須観音の入り口が最初だといわれる。

それから1950年代までは、アスファルト舗装よりコンクリート舗装の方が主流だったともいわれるが、現在では、空港や滑り防止の坂道などで使われるほかは、アスファルト舗装が一般的だ。

日本の道路が、西欧諸国に著しく遅れをとった最大の原因は、日本には馬車交通の時代がほとんどなかったからだといわれている。江戸時代までは、陸上交通の手段はもっぱら徒歩で、物資の輸送も海路を利用することが多かった。河川による舟運も発達しており、陸上交通は軽視されがちだったのだ。

明治に入って馬車が輸入されたが、それまで徒歩に耐えられる程度にしかつくられていなかった日本の道路は、馬車の通行で立ちどころに損傷。その対策を講じる間もなく、1872（明治5）年に新橋―横浜間に鉄道が開通した。政府が陸上の交通機関として鉄道優先策をとったのも、道路整備が立ち遅れた大きな原因になった。道路を破壊する馬車より、高速性に優れ、大量輸送が可能な鉄道を政府が選択したのも、やむをえないことだった。

日本の道路整備が遅れたもう一つの原因に、わが国の複雑な地形がある。平地が少ないため、どこへ行くにも山や川を越えなければならない。当然、トンネルや橋が必要になる。道路の建設には、外国の何倍もの費用を要したのだ。

そんななかで、道路建設推進の契機となったのが、20世紀における自動車の急速な普及である。また、東京では関東大震災（1923年）も舗装化の契機となった。

8 東京都の道路舗装率が、今も70%未満ってホント?

日本の道路舗装率は1960年でわずか2%にすぎなかったが、1971年に10%を超え、1986年には20%を超えた。しかし、現在でも全国の舗装率は28・6%にすぎない(2020年、以下同)。道路の舗装率が最も高いのは大阪府で、道路全体の76・9%が舗装されている。2位は東京都(65・5%)、3位は神奈川県(56・3%)である。最も舗装率が低いのは長野県で、わずか14・5%。このほかにも、舗装率20%未満の県が岩手、群馬、埼玉、岡山、福岡の5県がある。

東京の舗装率が65・5%? そんな馬鹿な‼ と、きっとこの数値を信じない人が多いに違いない。周りを見回しても、舗装されていない道路なんてほとんど見当たらないからだ。99%以上の道路が舗装されている、というのが実感ではないだろうか。

それにしても日本の道路は、ひと昔前に比べると随分よくなった。デコボコ道はほ

道路舗装率 都道府県ランキング（除簡易舗装）

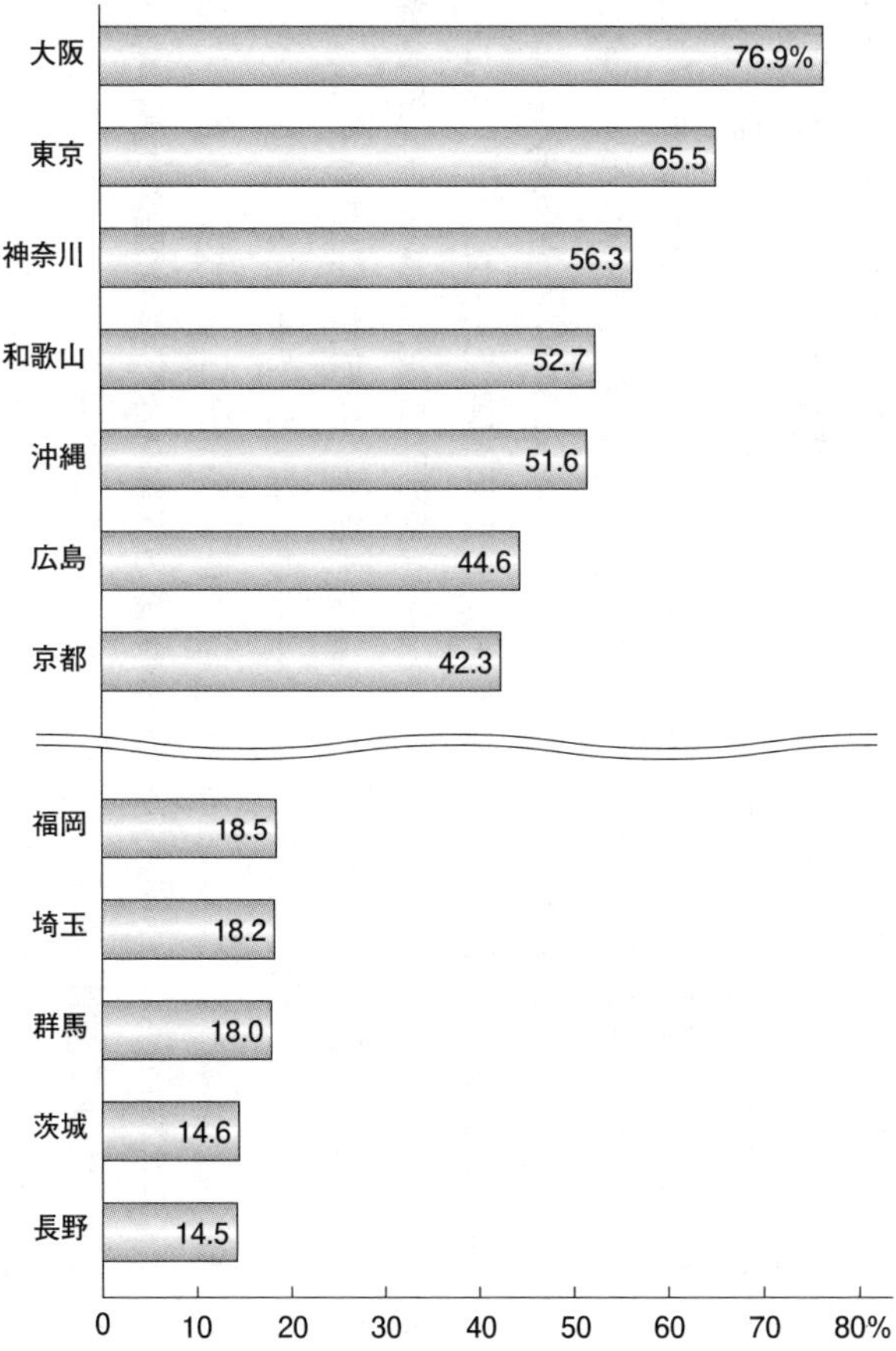

※2020年３月末現在

とんど見かけない。砂埃が街から消え、長靴が一般家庭から姿を消してもう何年経つだろうか。しかし、このデータは極めて新しいものなのだ。

実をいうと、このパーセンテージは簡易舗装を除いた本舗装の舗装率だったのである。裏を返せば、日本の道路はいかに簡易舗装が多いかということにもなる。

そもそも舗装とは、車や人が通行しやすいように地面の表面を平たく加工したものである。道路を路面の状態から大別すれば、舗装と非舗装とがあり、舗装を本舗装と簡易舗装に大別できる。東京都の舗装率65・5％は、本舗装の数値だったのである。

世界を見渡すと、日本の都道府県道以上に相当する道路の、本舗装の舗装率は、2012年の統計でアメリカ、イギリス、フランス、イタリア、スイスなどがほぼ100％であることを考えると、日本の道路はずいぶん遅れを取っている。

本舗装の主な構造は、下から順に路体、路床（約1m）、路盤（10～20㎝の下層路盤＋5～20㎝の上層路盤）、基層（5㎝程度）、表層（5～30㎝）からなる。アスファルト舗装とコンクリート舗装があり、耐用年数は20年前後だ。

簡易舗装とは、路床や路盤などをつくらずに、固めた地面の上に砕石やアスファルトト混合物を敷き詰めた、厚さ3～4㎝程度の舗装をいう。簡易舗装の耐用年数は約5年。交通量の多い道路は当然のことながら本舗装が施されるが、末端の道路、すなわち生活道路は簡易舗装が多い。

本舗装の耐用年数が20年というのはあくまでも目安であって、高速走行で、しかも交通量の激しい東名・名神高速道路では7～8年、チェーンなどの装着によって傷みやすい、北国の道路は、3～4年で修繕しなければならない。

また、アスファルト舗装よりコンクリート舗装の方が強度に優れているが、現在はアスファルト舗装が主流になっている。アスファルト舗装には、コンクリート舗装のような継目がないため、快適な走行ができる。しかもアスファルトには、変形しながらでも荷重に耐えうるだけの強度があるからだ。

舗装道路には、快適走行という車にとっては非常に大きな利点があるが、雨が降ると路面がスリップしやすいという欠点もある。また、濡れた路面は、ヘッドライトの光が反射して運転の障害になっている。これらの問題は、事故を誘発する原因にもなっているため、現在はその障害を除くための研究が進められている。

9 道路の白線や黄線にはどんな意味がある？

道路上には、何本もの白線や黄色い線が引かれている。それが破線（一定の間隔で切れ目を入れた線）であったり、実線であったりする。ほかにも、Uターン禁止や速度規制の数字などが描かれており、こうした線・記号・文字のことを「道路標示（ロードライン）」という。もし道路上にこれらの標示がなかったら、車の進路が定まらず、恐らく交通事故が頻発することだろう。各地で渋滞が発生し、都市交通は大混乱に陥ってしまうに違いない。

車道の中央に引かれているものが中央線、中央線と路肩との間に引かれているものが境界線と呼ばれるもので、車道の広さによって境界線が1本の道路もあれば、3本、4本と引かれている幅の広い道路もある。

境界線と境界線の間隔を車線幅員という。この車線幅員は、道路の種類や区分によ

ってそれぞれ異なるが、おおむね2・75～3・5ｍの間で設定されている。一般国道は3～3・5ｍ、高速道路は3・5ｍが標準である。幅員が広ければそれだけ高速運転が可能である。第二東名・新名神高速道路では、3・75ｍの車線幅員が登場した。

白線が「規制」を意味しているのに対し、黄色の線は「禁止」を表している。交通量の激しい道路や見通しの悪いカーブ、道路幅が充分でない道路、信号交差点の手前などで、車線変更の禁止を表す黄色い線が多く使われている。また、中央線などに幾つもの突起物が施され、この上を走るとブブブと音を発する道路がある。これは車線からのはみ出しを警告するためのもので、居眠り運転防止の効果がある。車道外側線は、車道と路側帯や路肩を区別するもので、通常は白の実線で引かれている。

近年では、車道外側線の外側に、緑の線やゾーンを見かけるようになった。これは「グリーンベルト」と呼ばれ、交通事故防止のために車道と路側帯をより視覚的に区分できるようにしている。緑の線は高速道路にも登場した。「車線キープグリーンライン」と呼ばれるもので、ＮＥＸＣＯ東日本が２０２１年７月から設置した。これはキープレフトの促進や、逆走対策を目的としている。

10 道路標識にも譲れない「縄張り」がある？

中央分離帯やガードレール、信号機などとともに、交通安全上なくてはならないものに道路標識がある。道路の傍ら、もしくは上空に設置され、利用者に必要な情報を提供する表示板だ。

道路標識は、道路利用者に記号または文字で情報を伝える暗号のようなものである。走行中のドライバーには、瞬時に情報が伝えられなければ意味がない。そのためには、標識が誰にもわかりやすいことが必要で、しかも統一されたものでなければならない。

地域ごとに標識が異なっていたのでは、道路標識のあること自体が、事故の発生原因になりかねないからだ。

だが、道路標識が全国的に統一されるようになったのは昭和になってからで、国際的に統一が図られるようになったのも、１９６８年に国連で「道路標識および信号に

いろいろな道路標識

本標識

●案内標識

入口の方向

方向と距離

サービスエリア

待避所

●警戒標識

十形道路
交差点あり

車線数減少

学校、幼稚園、
保育所などあり

動物が飛び出す
おそれあり

●規制標識

通行止め

最高速度

車両進入禁止

一方通行

●指示標識

駐車可

横断歩道

中央線

自転車横断帯

補助標識

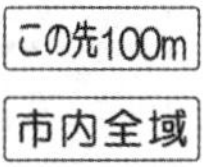

距離・区域

車両の種類

方向

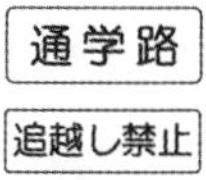

 道路標識の「東京まで50km」、東京のどこまでの距離のこと？

関するウィーン条約」が採択され、1978年に発効されてからのことである。

道路標識には本標識と補助標識とがあり、本標識はさらに案内標識、警戒標識、規制標識、指示標識に分類される。

案内標識は行先の方向、距離、高速道路の入口など、道路情報サービスを提供するもので、警戒標識は踏切や信号、幅員減少などがあることを知らせ、注意を促すものである。

規制標識は駐車禁止、一時停止、一方通行など、道路利用者に禁止や規制を加えるためのもの。指示標識は駐車可、優先道路など、道路利用者に許される内容を伝えるものである。

これらの標識の設置、管理はすべて同一の法人あるいは団体で行っていると思っている人も少なくないようだが、それぞれの標識によって管轄が違う。**案内標識と警戒標識は国および都道府県・市町村の道路管理者が設置しているのに対し、規制標識と指示標識は主に公安委員会(都道府県警察)が担当している**のである。

11 道路標識の「東京まで50㎞」、東京のどこまでの距離のこと？

遠くへ出かけたとき、行先の方向や距離、路線名などが表示された案内標識に助けられた経験のある人は多いだろう。もっとも、現在はカーナビという文明の利器に頼っている人が多いが、青地に白文字で目的地や通過地までの距離、方向などが記されている案内標識は、道に不案内なドライバーには強い味方である。

では、この標識に表示された距離数だが、どこまでの距離を表しているのだろうか。たとえば「東京まで50㎞」の標識があったとき、東京のどこまでが50㎞なのか。それがわからなければ案内の意味がない。

江戸時代の五街道の起点は日本橋だった。現在でもその伝統は受け継がれ、日本橋には「日本国道元標」がある。**「東京まで50㎞」の地点は日本橋**なのである。

1919（大正8）年、旧道路法制定にともなって「道路元標」が設置され、国道、府県道などの起点終点はその位置によるものと決められた。現在でもこのときの道路元標を保存している市町村が各地に見られる。しかし、戦後になって道路元標は法的根拠を失い、基準点がバラバラになってしまった。

じつは、日本橋の日本道路元標も、大正時代の東京市道路元標をもとに、1972年、日本橋の中心部に新たに設置されたものである。

筆者には苦い経験がある。若い頃に自転車で日本一周の旅行をしていたとき、何㎞も走ったにもかかわらず、案内標識の目的地までの表示距離が、その前の標識より増えていたのだ。当時の道路は悪路の連続。5㎞、10㎞が非常に遠かった。悪路を一生懸命走ったにもかかわらず、標識の距離が逆に増えてしまったときの腹立たしさは、当時の悪路を自転車で走った者にしかわかるまい。

こういった現象は各地にあった。現在は、1986年に「案内標識の地名表示に関する基準」が通達されたことにより、(2005年改正)統一されている。案内標識の距離表示の基準となる地点は、市町村役場の正面の位置とされる。市町村役場が街外れにある場合は、市街地の中心交差点や、鉄道駅などを基準としている。

3章

国道にも欠番がある！その驚きの理由とは!?

——マニアもびっくり！「国道・高速道路」は謎だらけ

1 狭くてデコボコなのに国道？国道の定義とは？

国道とは、道路法および高速自動車国道法に基づいて指定された全国的な路線網を構成する道路をいい、国道2号、国道247号といった「一般国道」と東名高速道路、近畿自動車道といった「高速自動車国道」とがある。

国道が都道府県道や、市町村道よりも重要な道路であることは、その名称からも明らかだが、その地方にとっては国道よりもはるかに重要で、交通量も多い市町村道や都道府県道が数多く存在している。

一般国道は「指定区間」と「指定区間外」に分けられる。指定区間とは、国道のなかでも特に重要な路線をいい、交通量が多く、道路整備も指定区間外の道路に比べ、一歩も二歩も進んでいる。ただ北海道だけは例外で、全線が指定区間になっている。

国道は、すなわち〝国の道〟というからには国がすべてを管理しているかと思いきや、実はそうではない。国が維持管理するのは指定区間に限られ、指定区間外は都府県および政令指定都市に任せられているのである。そのため、指定区間は「直轄国道」、指定区間外は「補助国道」とも呼ばれる。国道の新設または改築については、原則は国土交通大臣が行うが、工事が小規模なもの、その他特別な事情がある場合は都道府県が行っている。

では、どのような道路が国道に指定されるのか。まず、**主要な都市と都市を結ぶ道路が最も重要な路線として整備される。**また、**高速道路への連絡機能を持った道路や、主要な港（空港）との間をつなぐ道路**も、国の産業経済の発展に欠かせない。要するに主要都市、高速道路、主要港湾（空港）の3点を連係する道路が、優先的に国道として指定されるのである。

ところで、市町村道よりも粗末な、名ばかりの国道が全国には数多くある。舗装していないデコボコ道、山間地域では、落石や崖崩れの危険性から大雨が降るたびに通行止めになる国道、積雪で冬期不通になる国道、道路幅が狭くて車のすれ違いができない国道や、車の通行さえ不可能な国道もある。

なぜこのような劣悪な道路が、自動車交通の主役を担う国道なのか。

その理由は、**現在は通行困難でも、将来的には幹線道路網を構成する一路線として、日本の産業発展に貢献するであろうことが期待され、国道に指定されている**のである。

都市部およびその周辺では、片側だけで3車線、4車線の道路も珍しくない。ところが、これらの道路が県道や市町村道だったりするのは、その地域にとっては重要でも、日本全体からみればやはり一地方道にすぎないからである。

2 「国道」から見えてくる、明治政府の国づくりとは？

日本で初めての国道が誕生したのは1876（明治9）年6月、日本で初めての鉄道が新橋―横浜間で開業してから4年後のことである。太政官布告により、道路が国道、県道、里道に3分類され、さらに国道は一等、二等、三等の等級にランク付けされた。明治政府は陸上交通として、道路よりも高速で大量輸送が可能な鉄道を優先していたが、いよいよ道路にも本腰を入れ始めたのである。

国が最も重視した道路、すなわち**国道の一等は、東京から各開港場に達する道路だった。**開港場とは横浜港、大阪港、神戸港、長崎港、新潟港、函館港の6港のことである。明治政府がいかに外国との交易を重要視していたかがわかるだろう。先進的な西洋文化を積極的に取り入れ、西欧諸国に対抗し得る近代国家の建設を目指していたのである。**国道の二等は東京と伊勢神宮および各府（東京、大阪、京都）、各鎮台を**

結ぶ道路が指定された。鎮台とは陸軍の軍団のことで、東京、仙台、名古屋、大阪、広島、熊本の6都市に置かれていた。

富国強兵による中央集権体制を目指していた明治政府にとって、軍の施設と国民の精神的な支柱となる伊勢神宮は欠かせなかったからである。国道の三等には、東京と各県庁を結ぶ道路および、各府各鎮台を結ぶ道路が指定された。江戸時代の五街道がすべて日本橋を起点にしていたように、国道もすべて日本橋を起点とした。

同時に道路幅（幅員）についても規定され、国道の一等は7間（12・7m）、二等が6間（10・9m）、三等が5間（9・1m）、県道は4〜5間とされ、里道については特に規定はなかった。

1885（明治18）年になると等級制が廃止され、44の路線が国道に指定された。これを俗に**「明治国道」**という。だが、44路線が国道に指定されたとはいっても、1〜8号までは旧国道の一等と同じように、東京と各開港場を結ぶルートだったし、9〜11号は旧国道の二等、12〜44号は旧国道の三等と同じだった。また、大阪府――広島鎮台の26号を除く43路線が日本橋起点とされた。

3
大正時代につくられた国道「特1号」「特2号」って何？

1990年代の終わり頃から、日本の道路にもついに自動車が走るようになった。だが、軟弱な日本の道路は、雨が降るとたちまちデコボコ道と化した。そのため、自動車の走行に耐え得る道路整備が急務になってきた。政府は1919（大正8）年の帝国議会で、ようやく道路法を成立させ、翌年に施行した。これによって、明治時代の道路体系が全面的に改められることになった。

道路法では、道路が国道、府県道、市道、町村道の4種類に区分された。国道は「東京より神宮（伊勢神宮のこと）、府県庁所在地、師団軍司令部所在地、鎮守府所在地または枢要な開港に達する路線」として38路線が指定され、ほか軍事路線として26路線、合計64の路線が国道に設定された。これが俗にいう「**大正国道**」である。

大正国道の特徴は、なんといっても軍事を目的に設けられた軍事国道があったということだろう。**軍事国道には「特1号」「特2号」などというように、「特」をつけて一般の国道と区別していた。**一般の国道すべてが東京を起点としていたのに対し、軍事国道は軍の施設や軍事上重要な地点を結ぶ路線が指定された。

また、一般の国道が道路の新設および改築の費用を地方公共団体に負担させたのに対し、軍事国道は全額を国費で賄った。明治国道に比べ、より軍事色の濃い道路網になったことがわかる。

道路体系の改正に合わせて、1920年「第一次道路改良計画」が発足し、本格的に道路整備が進められることになったが、1923(大正12)年に発生した関東大震災で立ち消えになってしまった。昭和に入ってからも「第二次道路改良計画」が策定されたが、財政難と戦時体制に入って道路整備は後回しになった。

第二次世界大戦の敗戦で、日本は焦土と化したが、連合国軍最高司令官マッカーサーは、荒廃した道路の整備を早急に着手するよう、日本政府に要求してきた。そのため、道路の大改革が行われることになった。

4　昭和に存在した「一級国道」と「二級国道」――その違いとは？

太平洋戦争で敗戦した日本は、一時期、アメリカ軍に占領された。そのため自動車文化の進んだアメリカの影響を受け、日本の道路政策は大きな転換期を迎える。

1872（明治5）年、新橋－横浜間に鉄道が開通して以来、政府は一貫して鉄道を重視してきた。しかし、戦後アメリカ軍に占領されたことによって、アメリカの自動車文化を強く受けるようになったのである。

1952（昭和27）年、新たに制定された道路法により、道路を一級国道、二級国道、都道府県道、市町村道に分類した。

一級国道とは「国土を縦貫し、横断し、又は循環して全国的な幹線道路網の枢要部分を構成し、県庁所在地その他の重要都市を連絡する道路」と定義され、1～40号までの40路線が指定された。同時に、すべてが東京起点という江戸時代からの慣習が改められた。

二級国道は、県庁所在地と人口10万以上の重要都市を相互に連絡する道路、重要都市と一級国道とを連絡する道路、などと定義され、翌年の政令で101〜244号までの144路線が指定された。これが「**昭和国道**」である。一級国道は1桁と2桁、二級国道は3桁の番号が振られた。その後、一級国道では1958年に41〜43号の3路線、1962年に44〜57号の14路線が追加指定され、二級国道では一級国道昇格ほか、245〜271号の27路線が追加指定された。

ところが、昭和の高度経済成長期のモータリゼーションで自動車交通が目覚ましい成長を遂げると、道路の様相も一変する。一級国道をしのぐような立派な道路が次々に建設されるようになり、もはや国道にランクづけをすることが、困難かつ無意味なものになった。

そこで1965（昭和40）年に道路法が改正され、一級と二級は一般国道として統合されたのである。

現在の国道1～10号の位置と距離

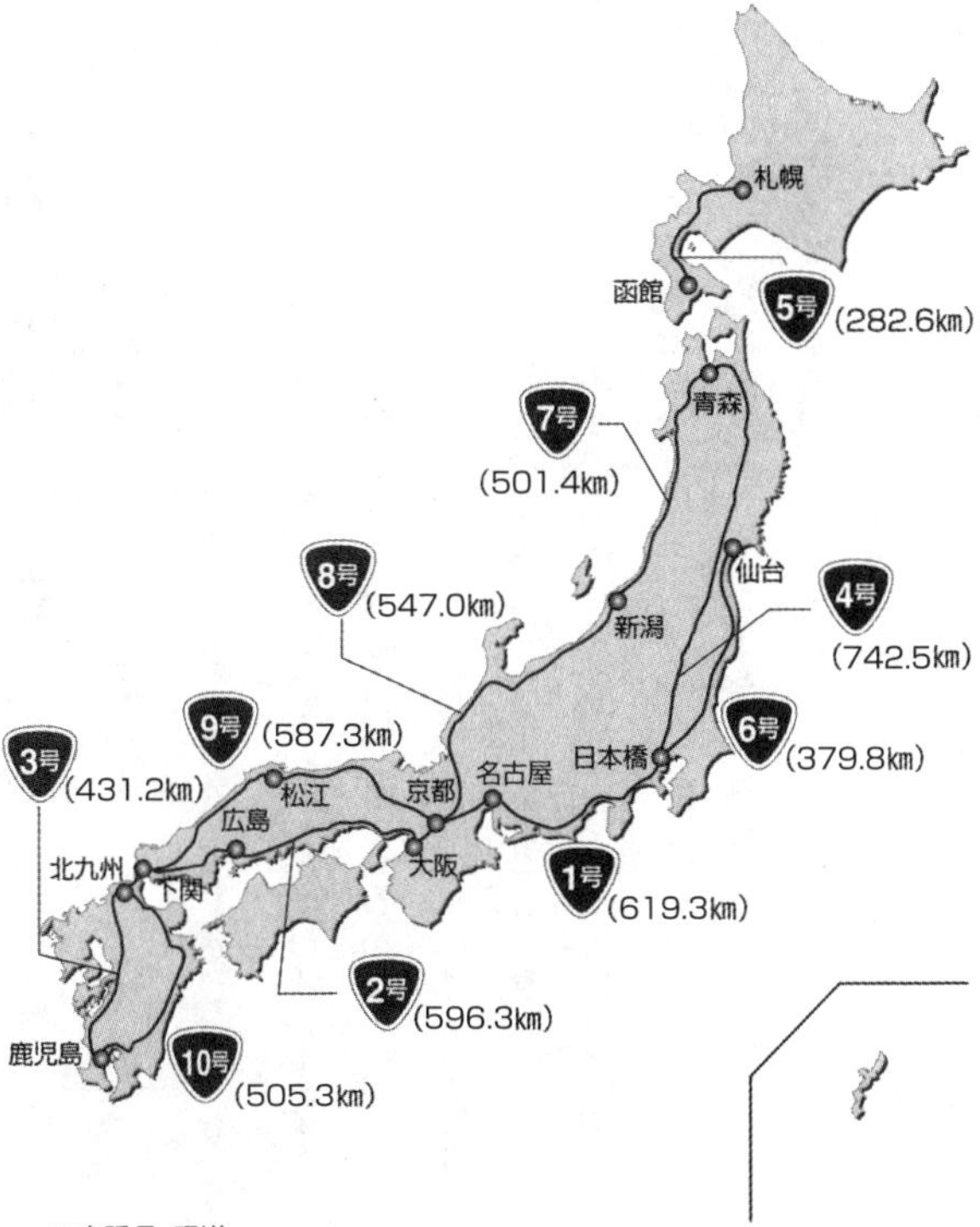

※実延長、現道

5 国道の起点と終点、決め方のルールはある？

国道の路線番号は、むやみやたらにつけられているわけではなく、ある一定のルールに従っている。では、どのように決められているのか。

まず日本の首都東京を中心に、国土の骨格を形成すべく、重要性の高い道路の順に路線番号がつけられていった。路線番号が1ケタと2ケタの、いわゆる旧一級国道がそれである。11号（徳島市―松山市）が設定されてからは、北から南へ順に番号が振られていくことを原則とした。

3ケタの旧二級国道も同様で、101号（青森市―秋田市）から南へ下っていき、226号（南さつま市―鹿児島市）で日本の南端に到着。そこから北海道に渡って、227号から244号まで道内各地に張り巡らされた。一級・二級が廃止されてからも北から南へ、という原則は貫かれ、272〜332号、333〜390号、391

～449号、450～507号のそれぞれで、北から南に振り分けられている。

では、国道の起点と終点はどのようにして決められるのか。鉄道に始発駅と終着駅があるように、国道にも起点と終点がある。どっちが起点でどっちを終点にするか。この決め方にも一定のルールがあった。

国道1号の起点は東京都中央区で終点は大阪市、4号の起点も東京都中央区で、終点が青森市であることからみても、東京を中心に起点と終点が定められていることがわかる。要するに、**東京および東京に近い方が起点**なのである。

大都市と小都市とを結ぶ国道の場合は、大都市側を起点とし、同程度の規模の都市を結ぶ路線の場合は、東側または北側にある都市を起点としている。

しかし、例外も数多くある。122号（日光市―東京都豊島区）、119号（日光市―宇都宮市）は、人口でははるかに及ばない日光市がともに起点だ。また、50号は東側にある水戸市ではなく、西側の前橋市が起点。日本海側では、京都市から新潟市までが8号で、それに続いて青森市までは7号が通っているが、どちらも新潟市が起点。基準が大都市なのか、東側北側なのか、あるいは港湾なのか、よくわからない。

6 国道にも欠番がある！その驚きの理由とは⁉

現在、国道は1号から507号まで指定されている。しかし、路線は459本しかない。その差は欠番が存在するからである。

欠番ができた最大の原因は、1965（昭和40）年の改正道路法で、一級国道と二級国道が一般国道として統合されたことにある。本来なら統合された際に、路線番号を整理し直す必要があったはずだ。しかし、莫大な費用を要するうえ、路線番号の変更によってトラブルが発生したり、市民生活に影響が出たりしかねない。そこで、いったん決めた番号は変えないこととしたのである。

1952（昭和27）年施行の新道路法で一級国道1～40号が初期指定されて以降、41～57号が追加指定された。しかし、**1965年の改正道路法で一級・二級が廃止されてからの新たな国道指定は、3桁の続きから番号を振ることにした。**こうして、残りの2桁番号は欠番となったのである。ただし、その後の1972年、沖縄本土復帰に伴い、特例的に58号が指定された。

欠番の理由はほかにもある。市町村の合併のように、**国道においても統廃合が行われた**のだ。二級国道は101〜244号の初期指定後、1965年までに271号までが追加された。統廃合が行われたのはその2年前の1963年のことだ。

秋田県横手市と宮城県古川市（現大崎市）を結ぶ109号は108号（石巻市―由利本荘市）に統合されて消滅、仙台市と山形市を結ぶ110号は、一級国道の48号にそのまま昇格して消滅した。また、仙台市と八戸市を結ぶ111号は一級国道45号（仙台市―青森市）に組み込まれて消滅した。

九州でも同様に統廃合が進められた。214号（諫早市―島原市）、215号（島原市―宇土市）、216号（熊本市―大分市）は、3路線合わせて一級国道57号に昇格し、3路線は消滅した。

以上をまとめると、**59〜100号までの42路線、109〜111号、214〜216号の各3路線を合わせた48路線が欠番となっている。**

7 1つの道路に標識が2つ――「ダブリ国道」って何？

すべての国道が、独立した1本の道路というわけではない。江戸時代の主要な街道だった奥州街道と日光街道が、日本橋と宇都宮の間で重複していたように、**国道にも、1本の道路を2つの国道路線で共有している区間が各地にある**のだ。国道を車で走っていると、道路脇に2つの路線の国道標識をつけた支柱が立っているのを見かけたことがあるだろう。

なぜこのような重複区間があるのか。現在のようにこれだけ国道路線が増え、複雑に入り組んでくると、ある一定の区間だけ同じ経路をたどる国道が生まれても不思議ではない。同じ地域を走る国道であれば、特に2本の道を通す必要はないだろうし、第一、経済的でない。こういった理由から、1本の道路を2路線が共有しているのである。JRと私鉄が、相互乗り入れしているようなものだと考えればわかりやすい。

前述したように、この重複区間は「**重用延長**」という用語で表される。一般国道の総延長は6万6124kmだが、そのうち8027kmが重用延長、つまり重複区間なのだ。重用延長は、上級の路線に重複している区間の長さをいう。たとえば、国道4号では重用延長はゼロだが、国道6号は起点の日本橋から4号までの800mの区間と、宮城県で4号に合流してから、終点の仙台市までの約21kmが重用延長となっている。重用延長での国道標識は、上級の路線番号が優先され、下級の路線番号は表示・設置されないこともある。

重複国道の道路標識

重複している国道が2本だけとは限らない。奈良県橿原市には、24号、165号、166号、169号の4路線が重複している区間があるし、岐阜県高山市には、41号、158号、472号の3路線が重複している区間がある。路線番号の標識は1つだけしか表示されていないことが多いので、国道の重複区間に気づく人は少ない。

8 標高2000メートルの高所を走る国道がある！

日本は山国である。とりわけ中部地方は「日本の屋根」といわれるだけに、3000m以上の高山はすべてこの地方に集まっている。これら山岳地帯を走る道路の標高が高いのは当然のことである。土木技術の進歩によって、険しい峠道にはトンネルが次々と建設されてきたが、ヘアピンカーブの連続する山岳道路もいまだに多く、交通の大きな障害になっているのも事実だ。

ところで、日本一高所を走る国道の標高はどれくらいあるものなのだろうか。**群馬県長野原町と新潟県上越市を結ぶ国道292号**（124・4㎞＝総延長、以下本項同）は、志賀高原を貫いている山岳道路だが、コース上にある渋峠の標高は2172mもある。ここが国道の最高地点で、「日本国道最高地点」の石碑も立っている。

その次に標高の高い地点を走る国道は、**長野県茅野市と埼玉県入間市を結ぶ国道**

乗鞍スカイライン

299号（204・1㎞）だ。最高地点は蓼科高原の東にある麦草峠で、標高2127m。西日本に2000m以上の山が一峰もそびえていないことを考えれば、いかに高所を走っている国道であるかがわかるだろう。

標高が2000m以上の地点を走る国道はこの2路線だけだが、これよりもはるかに高所を走っている道路がある。**乗鞍スカイライン**である。乗鞍岳北麓にある国道158号の平《ひら》湯《ゆ》峠付近から、山頂近くの畳平まで全長約15㎞の乗鞍スカイラインは、戦時中に軍用道路として使っていた道路を整備して一般に開放したものだ。山岳風景のすばらしい道路として人気があり、観光シーズンには大変な賑わいとなる。

乗鞍スカイライン終点の畳平の標高は2702mで、ここにあるバス停は日本一高所のバス停として知られている。乗鞍スカイラインから乗鞍高原に抜ける岐阜と長野の県境には、標高2716mの地点がある。この地点こそが、車の走る道路としての日本最高地点なのである。

続いて、国道の東西南北の端を見てみよう。日本最北端と最東端の国道地点はもちろん北海道にある。**北端は238号（網走市―稚内市319・6㎞）の宗谷岬近くだ。最東端は44号（釧路市―根室市137・7㎞）の根室市中心街にある。**ここから直線距離で東に約20㎞行くと、日本本土最東端の納沙布岬だ。

国道の最南端と最西端も沖縄県にあると想像がつくだろう。ともに沖縄本島から南西に約400㎞離れた石垣島にある。**沖縄本島の那覇市から海上を経て石垣市を結ぶ390号の石垣港近くが最西端で、最南端は最西端から1・8㎞東にある。**

9 これは驚き！ 車が通れない「階段」なのに国道⁉

ひと口に国道といっても、道路幅が100mもあるような交通量の激しい道路から、未舗装のデコボコ道もある。国道のなかには、これでも「道」と呼べるのかと、考えこんでしまいそうなものがある。

とりわけ一番の変わりダネは、何といっても階段国道だろう。その名のとおり、階段が国道という全国でも唯一の代物で、青森県の津軽半島最北端の竜飛崎《たつぴざき》近くにある。

津軽半島の東岸を北上していくと、やがて**国道339号（青森県弘前市―外ヶ浜町）は車も通行できない細い路地となり、集落を抜けると忽然と階段が現れる。**階段の麓には国道の標識と、その下には「階段国道」と表示されたプレートがついている。まぎれもなく、この階段は国道なのである。

362段、標高差約70m。岬の麓から灯台のあるところまで、この階段国道が続いているのだ。階段を上り詰めると、視界が一気に開ける。眼下には津軽海峡の青い海が広がり、晴れた日には、対岸の北海道が見える。

この道路が国道に昇格したとき、階段部分も整備するはずだった。しかし、その後の調査で、階段部分に道を通すには傾斜がきつすぎることがわかった。そのため、ループにするかトンネルを掘るか、何らかの手立てを講じなければ困難だという結論に達した。階段の手前にある迂回路を国道として整備したらどうかという案も出たが、それだと階段は国道でなくなる。それより、階段をそのまま残し、観光スポットとして売り出した方が得策だということになった。

何と言っても全国にここだけという珍しい階段国道である。そこで、階段に手すりをつけるなどして、国道を車道としてではなく、歩道として整備した。

その甲斐あって、遠方からも観光客がやってくるようになり、ちょっとした観光スポットとして人気がある。

階段国道

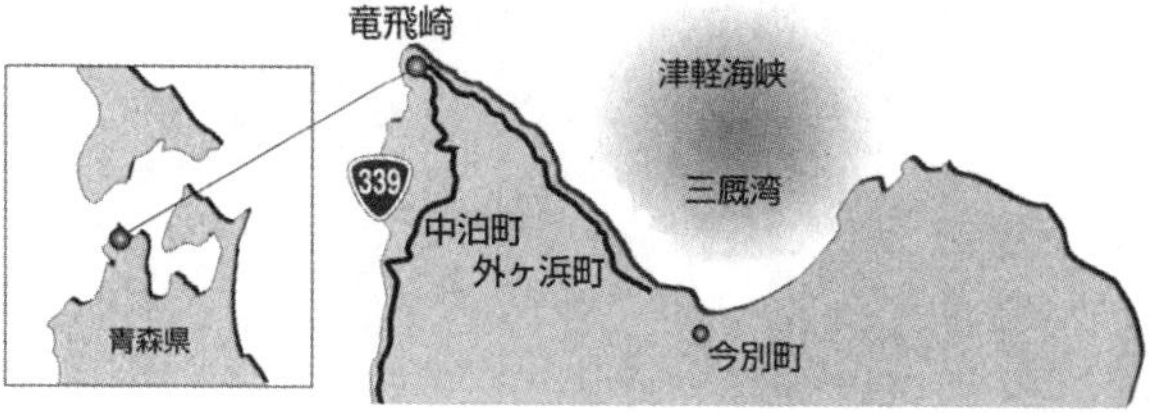

10 「日本一長い国道」は海の上にあるってホント?

車の通行できない国道は各地にある。前述の階段国道もその一つなのだが、これらの国道は車では通れないが、人は歩いて通ることができる。ところが、人さえ歩いて通ることができない国道が各地にあるのだ。崖が行く手を阻んでいるとか、川に橋が架かっていないから通れない、などという理由からではない。さて、どんな国道だろうか。

答えは、海の上の国道なのである。人呼んで「海上国道」という。この海上国道が、わが国にはずいぶんあるのだ。では、なぜ海の上が国道になりえるのか。疑問を持つ人は多いはずである。

道路法第2条では、道路とは、「一般交通の用に供する道で(略)トンネル、橋、渡船施設、道路用エレベーター等、道路と一体となってその効用を全うする施設又は

海上を入れたら日本一長い国道58号

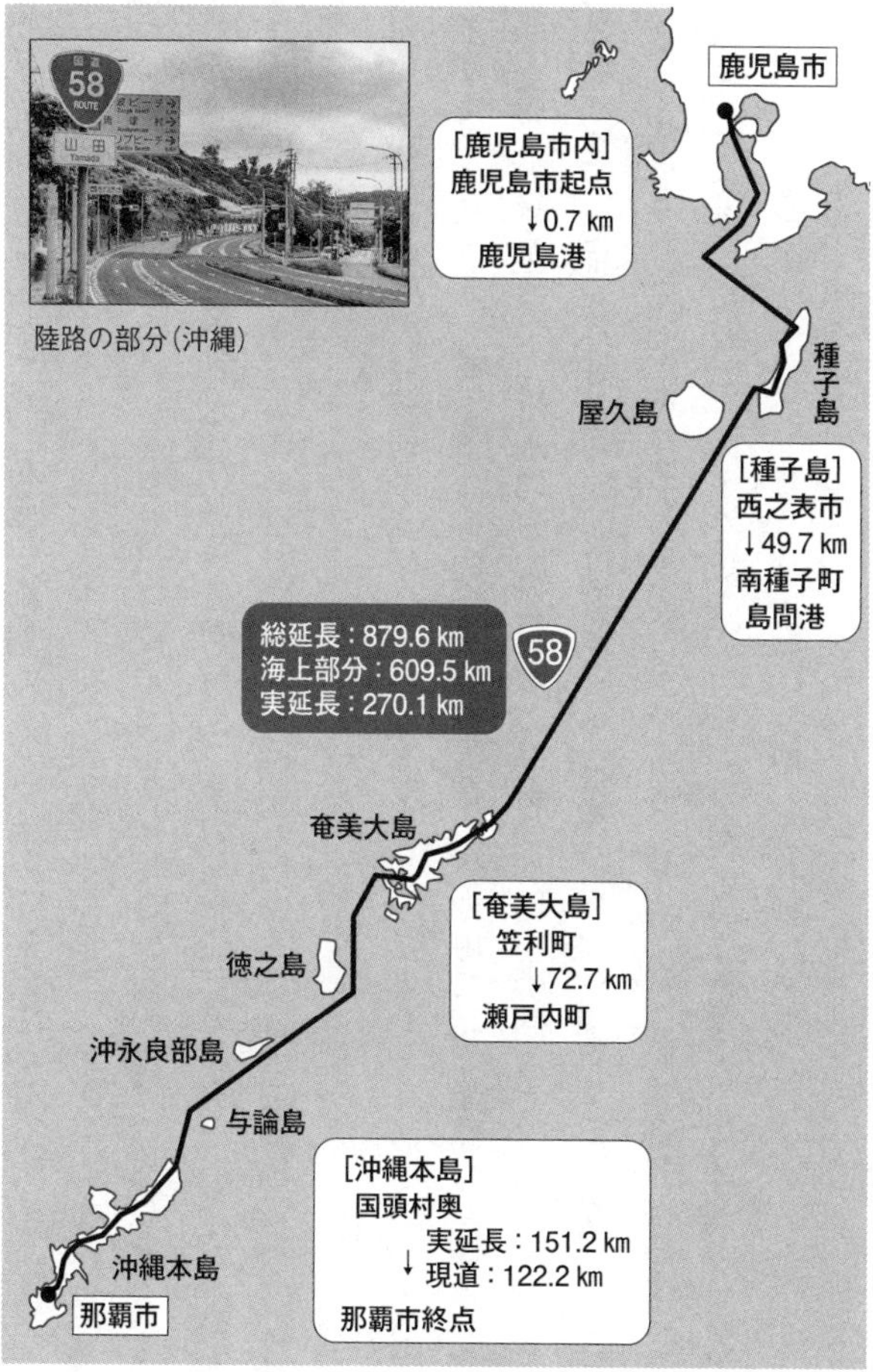
陸路の部分（沖縄）
鹿児島市
[鹿児島市内]
鹿児島市起点
↓0.7 km
鹿児島港
種子島
屋久島
[種子島]
西之表市
↓49.7 km
南種子町
島間港
総延長：879.6 km
海上部分：609.5 km
実延長：270.1 km
58
奄美大島
[奄美大島]
笠利町
↓72.7 km
瀬戸内町
徳之島
沖永良部島
与論島
[沖縄本島]
国頭村奥
実延長：151.2 km
現道：122.2 km
那覇市終点
沖縄本島
那覇市

工作物及び道路の附属物で当該道路に附属して設けられているものを含んだもの」とある。要するに、たとえそこが海の上で、車の通行が不可能であっても、1本の交通系統として重要であると認められれば、国道として指定されるのだ。その意味でフェリーボートの航路も、その地域の重要な幹線路であれば国道になりえる。ただ、陸上を走る道路のように標識があるわけではないので、一般の人にはどこが国道なのかはわからない。

本州と北海道との間の津軽海峡上には、国道279号、280号、338号の3本の国道が走っているし、東京湾を横断する横須賀市と富津町を結ぶ航路も、国道16号の一部区間なのである。九州南端の鹿児島市と沖縄の那覇市の間にも、国道58号が走っているのだ。総延長は879・6㎞もあり、日本一長いと思われている国道4号（東京都中央区―青森市・総延長838・6㎞）より長い。この**国道58号が日本一長い国道**なのである。ただし、陸上を走っているのは種子島や奄美大島、沖縄本島などの実延長270・1㎞だけで、609・5㎞は海の上なのである。

11 駅のプラットホームより短い国道がある!?

では、最も短い国道はどこにあるのか。**日本一短い国道は神戸港と2号を結ぶ174号だ。**全長わずか187m。起点と終点には、「日本で一番短い国道です」と記された標識も設置されている。鉄道と比較すると、列車1両が20mだから10両編成で200m。つまり、主要駅のプラットホームより短いのだ。次いで短いのは、岩国空港と岩国市街を結ぶ189号で、全長372m。3位は東京芝と東京港の間の130号で全長482m。なんと、短さベスト10のすべてが、旧一級国道と港湾・空港をつなぐ「港国道」なのである。

港や空港は日本の陸上交通を担ううえで最重視されてきた。明治時代、道路がいち早く整備されたのも、東京や大阪と開港場とを結ぶ路線だった。その路線がたとえ短くても、物資輸送など、日本の経済活動にとっては重要な道路なのである。そのため、

国道の最長・最短ランキング

	国道	起点-終点	総延長	実延長	国道	起点	総延長
1	58号	鹿児島市-那覇市	879.6km	270.1km	174号	神戸港	187m
2	4号	東京都中央区-青森市	838.6	838.6	189号	岩国空港	372m
3	45号	仙台市-青森市	790.6	714.6	130号	東京港	482m
4	9号	京都市-下関市	770.4	723.8	198号	門司港	618m
5	1号	東京都中央区-大阪市	730.0	730.0	177号	舞鶴港	705m
6	2号	大阪市-北九州市	672.3	672.3	133号	横浜港	1.4km
7	8号	新潟市-京都市	593.5	569.7	149号	清水港	2.6km
8	7号	新潟市-青森市	585.6	585.6	164号	四日市港	3.2km
9	10号	北九州市-鹿児島市	556.6	544.5	131号	羽田空港	3.6km
10	390号	石垣市-那覇市	552.2	63.2	332号	那覇空港	3.9km

※390号は海上区間が489km、174 ～ 149号は総延長と実延長が同じ。

（2020年3月末現在）

長さは短くても幅は広く、１７４号では上下で11車線もある。

ちなみに県道では、ＪＲ呉線安登《あと》駅と国道１８５号の間の広島県道２０４号安登停車場線は全長わずか10・5ｍしかない。それに対して幅員は18・7ｍと、いわば横長の県道だ。どう見ても駅前広場にしか見えない。

国道１４１号と北陸新幹線上田駅をつなぐ長野県道１６２号上田停車場線は総延長が１２６ｍだが、上位の県道77号との重用延長を除くと、たったの７ｍになる。

12

受刑者の悲哀がにじむ「日本一長い直線道路」

日本の風土は山あり谷あり、そして何本もの川が流れているという複雑な地形のため、市街地を除けば道路は曲がりくねり、起伏も激しい。何キロも続く直線道路はほとんどないといっていい。だが、北海道は本州などと異なり、どことなく大陸的で広々とした風景が広がっている。北海道の果てしもなく続く直線の道路に、ド肝を抜かれた人は少なくないはずだ。**国道12号は、札幌市と旭川市を結ぶ総延長156・8kmの幹線道路だが、そのルート上に日本一長い直線道路がある。滝川市と美唄《びばい》市の間29・2kmが、見事なまでの直線なのである。**

2番目に長い直線道路もやはり北海道にある。オホーツク海に面し、知床半島の付け根に当たる斜里町では、町の中心街を挟んで、東側には知床半島の羅臼町につながる国道334号が、西側には網走市と根室市を結ぶ国道244号が延びている。この

334号と244号を合わせた28・1kmが2番目に長い直線道路なのである。日本一の直線道路より景観がよく、方角の関係から延長上に太陽が沈む風景を望むこともできるので、「天に続く道」と名付け、展望台まで設けている。

どうして北海道には、こんなにも直線道路が多いのか。地形的に恵まれていたともいえるが、明治時代までほとんど未開地だったため、道路も計画的に建設できたというのが最大の理由だ。曲がりくねっているより直線的な道路の方がロスも少なく、交通路として望ましい。障害物がなければ直線道路を建設するのは当然のことだろう。

北海道の開拓に、屯田兵や各地からの入植者たちが果たした役割の大きかったことはよく知られているが、つい忘れられがちな存在がある。

北海道各地の集治監《しゅうじかん》に収容された受刑者たちは、貴重な労働力となって活躍した。活躍したというより、過酷な労働を強いられたのである。想像を絶するような非人道的な強制労働のため、その多くが命を落とした。滝川―美唄間の直線道路の建設にも、多数の受刑者が駆り出され、わずか3か月あまりで完成させたという。彼らの犠牲なくしては、日本一長い直線道路も誕生していなかったのかもしれない。

13 世界と日本の高速道路の始まりはいつ？

鉄道の発祥は19世紀前半のイギリスで、1863年にはすでに地下鉄まで走らせていた。道路においてもイギリスは先進国だった。何しろ、日本の道路が全く未舗装だった1830年代に、イギリスでは世界に先駆けて近代舗装を進めていったのである。しかし、世界で初めて高速道路を走らせたのはイギリスではなかった。

自動車専用道路という点では、1911年にアメリカ・ニューヨークでロングアイランド・モーターパークウェイ（現在の公園道路＝一種の高速道路の前身）が建設されたのが最初といわれる。そのほか、イタリアでは1924年、一般向けのインフラとしてミラノ―ガッララーテ間に最初のアウトストラーダが完成、ドイツでは1932年にボン―ケルン間に最初のアウトバーンが完成した。

なお、アウトストラーダとはイタリアやポーランドでの高速道路を意味し、アウトバーンはドイツやオーストリアでの高速道路だ。アメリカ、オーストラリアではフリーウェイが使われるし、フランスではオートルート、イギリスやオーストラリアではモーターウェイと呼ばれる。日本の高速道路はハイウェイと呼ぶ人もいるが、高速自動車国道の英語表記はエクスプレスウェイ（Expressway）、ＥＸＰＷＹやＥＸＰと略記されたりする。首都高速道路もMetropolitan Expresswayだ。

ドイツのアウトバーンは、ヒトラーによって軍事を目的に拡大し、第二次世界大戦前には３８５９㎞の高速道路網が整備された。その後、戦争での痛手は大きかったが、１９５０年頃から再び高速道路の建設に着手し、世界をリードした。西ドイツが飛躍的な経済成長を遂げたのも、高速道路の存在が大きかったといわれる。

アメリカでは１９４０年に完成したペンシルベニア州のターンパイクを皮切りに、本格的な高速道路時代に突入した。一方、道路先進国だったイギリスは高速道路では遅れをとり、本格的に高速道路が建設され始めたのは１９５０年代後半からである。

今では、高速道路は産業の発展に不可欠だというのが常識となり、発展途上の国でも高速道路が盛んに建設されつつある。

一方、日本の道路事情は欧米諸国に一歩も二歩も遅れをとっていたが、昭和40年代あたりから本格的な高速道路時代に入った。**日本最初の高速道路は、名古屋と阪神地区を結ぶ名神高速道路**である。1963年7月、まず尼崎―栗東間71・7㎞が完成し、高速道路時代の幕開けが告げられた。また、尼崎から栗東までのルートを見ればわかるように、政令指定都市でこのコース上にあるのは京都市だけ。古都京都が、最初に高速道路の走った政令指定都市だったのである。

時速100㎞で車が疾走する道路の誕生は、一大ニュースとして世間を湧かせた。新幹線開業の1年前のことである。1965年には、名神高速道路の全線が開通。それまで5、6時間を要していた名古屋―大阪間が、わずか2時間ほどで結ばれるようになったのである。4年後には、東京と名古屋を結ぶ東名高速道路も開通し、日本の陸上交通を担う物資輸送の大動脈として貢献していくことになった。

開通当初は陸上交通の花形としてもてはやされた東名、名神高速道路も、今や充分な車間距離がとれず、パンク寸前の状態。玉突き事故も多発するようになった。現在は、バイパスとして新東名・新名神高速道路が部分開通している。

14 都市高速道路は、実は国道じゃない!?

都市高速道路は名前こそ高速道路というが、道路法で定められた高速道路とは異質のものである。

最大の違いは、**都市高速道路が国道ではないということだろう。全線が都道府県道あるいは市町村道で、国道とはまったく縁がないのだ。** 国および地方公共団体以外の公益法人などが事業にあたっている。首都高速道路株式会社、阪神高速道路株式会社、名古屋高速道路公社などである。

都市高速道路は有料道路である、自動車専用道路である、中央分離帯で往復交通が区別されている、立体交差であるなど、高速自動車国道（高速道路）と共通点は多いが、都市高速道路にはインターチェンジがない。これが最大の違いだろう。一般道路と直結しているため、一般道路の交通の影響をモロに受ける。一般道路が渋滞すれば、都市高速道路も渋滞に巻き込まれる可能性がある。首都高速道路が低速道路だと酷評される所以である。

都市高速道路がその機能を充分に果たすためには、一般道路、特に都市高速道路と直結した道路の整備が先決である。また、都市高速道路は本線に合流するまでの徐走距離が短いため、充分な加速ができない。車幅も高速自動車国道より狭くつくられている。また、都市高速道路は道路上や河川上に高架で建設されているので急カーブが多い。そのため、多くの区間で制限速度が時速50㎞ないし60㎞と、高速道路よりかなり低い速度に設定されている。

都市高速道路の元祖は1962年12月に、京橋―芝浦間4・5㎞で供用が開始された首都高速道路で、名神高速道路が開通する1年前に誕生している。首都高速道路全体で、現在327・2㎞が供用中（2021年）である。

このほか、阪神高速道路（258・1㎞）、名古屋高速道路（81・2㎞）、福岡高速道路（59・3㎞）、北九州高速道路（49・5㎞）、広島高速道路（25・0㎞）が供用中である。

15 「東名高速道路」は正式な名前ではない!?

道路を通称名で呼ぶことが多い。東京の外堀通りや大阪の天神橋筋、名古屋の久屋大通など、通称名の方がわかりやすく、親しみやすいからなのだろう。国道にもそれぞれ正式な路線番号がついているのに、「○○通り」とか「○○街道」などと呼ばれている。

東京だけでも、通称名で呼んでいる国道がかなりある。たとえば、国道1号を第二京浜、15号を第一京浜と呼んでいるし、14号は京葉道路、4号は日光街道、20号は甲州街道というように、それぞれ通称名がついている。246号のように、東京では玉川通りと呼んでいるのに、多摩川を渡って神奈川県に入ると厚木街道と名前を変えてしまう道路もある。

こういった道路の通称名は全国各地にある。北海道の阿寒湖と釧路市街を結んでいる国道240号を「まりも国道」、リンゴの産地の長野県を走る18号を「アップルライン」、合掌集落で知られる白川郷を通る156号を「飛騨合掌ライン」などというように、郷土色あふれた愛称のついた道路もある。

ところで、東名高速道路の正式な道路名をご存じだろうか。東名高速道路が正式名だと思っている人も少なくない。東京と名古屋（正確には小牧）を結んでいることから東名高速道路と呼んでいるが、これはあくまでも通称名だ。正式名は**第一東海自動車道**なのである。だが、東名高速を第一東海自動車道と呼ぶ人はまずいないし、ピンとこない人の方がはるかに多い。

名神高速道路も、名古屋と神戸（正確には小牧と西宮）を結んでいることからの通称名で、正式な道路名は**中央自動車道西宮線**なのだ。東北自動車道も、正式名は**東北縦貫自動車道弘前線**である。

通称名で「高速道路」とつくのは東名高速道路と名神高速道路、それに新東名高速道路（正式名・第二東海自動車道横浜名古屋線）、新名神高速道路（正式名・近畿自動車道名古屋神戸線）の4路線だけである。

16 道路の設計速度って何のこと?

車で道路を走行する際に守らなければならないルールの1つが**最高速度**である。車の性能上の上限速度ではなく、道路交通法で定義される用語のことで、道路で車両が超えてはならない速度をいう。制限速度も同じ意味だが、法令には登場しない。

普通自動車の最高速度は大きく分けて2つ。一つは**道路標識などで示された指定速度(指定最高速度)**。もう一つは、**指定されていない区間で適用される法定速度(法定最高速度)**で、対面通行ではない高速自動車国道では時速100km(以下、時速略)、一般道路では60kmだ。一般国道自動車専用道路での最高速度は、一般道路の法定速度は60kmだが、70kmや80kmに指定されている区間もある。逆に、最低速度もあってこれにも指定と法定がある。法定速度では、高速自動車国道の対面通行でない区間は50kmとなっており、一般道路には規定がない。

これらの走行速度とは別に、**設計速度**がある。「道路の設計の基礎とする自動車の速度」（道路構造令）のことで、天候が良好でかつ交通密度が低い場合、平均的な運転者が安全に、しかも快適性を失わずに走行できる速度、とされている。道路によって等級があり、120～20km の範囲で決められているが、その分類は極めて複雑だ。

大きなくくりでいうと、高速道路および自動車専用道路は、地方部（1種）と都市部（2種）に分類される。さらに1種の中で1～4級、2種が1～2級に分けられる。たとえば、1種1級は120km、1種2級100km、1種3級80km、1種4級60kmといった具合だ。一般道路も地方部（3種・1～5級）と都市部（4種・1～3級）に分類され、速度は10km単位で80～20kmに分けられる。

東名や名神といった高速自動車国道には1種1級の区間、すなわち設計速度120kmの区間がある。新東名高速道路も同様だが、実際には140kmを担保した構造の区間がある。これを受けて、2020年12月より、御殿場JCT付近から浜松いなさJCT付近までの間、指定速度が120kmになった。これまで日本での最高速度は100kmだったが、ついにそれを上回る区間が出現したのである。

17 ダイヤモンド、トランペット……これ、インターチェンジの種類です

インターチェンジは、高速道路と一般道路とをつなぐ役割を担った必要不可欠な施設だ。車はインターチェンジの助走区間で充分に加速し、本線の車の流れの中にスムーズに入っていけるような構造になっている。もし、一般道路と高速道路の間にインターチェンジがなかったら、高速道路入口付近の一般道路は大渋滞し、高速道路本線への流入地点では、衝突事故が頻繁に発生することだろう。また、どこにインターチェンジを設置するかによって、車の流れが大きく変わり、その地域の発展をも左右することになる。

インターチェンジの元々の意味は、立体交差する道路や近接する道路同士を、連絡路によって立体的に接続する施設のことなので、高速道路でなくても使用してかまわない。首都高ではかつてランプと呼んでいたが、現在では他の都市高速道路同様に

インターチェンジの種類

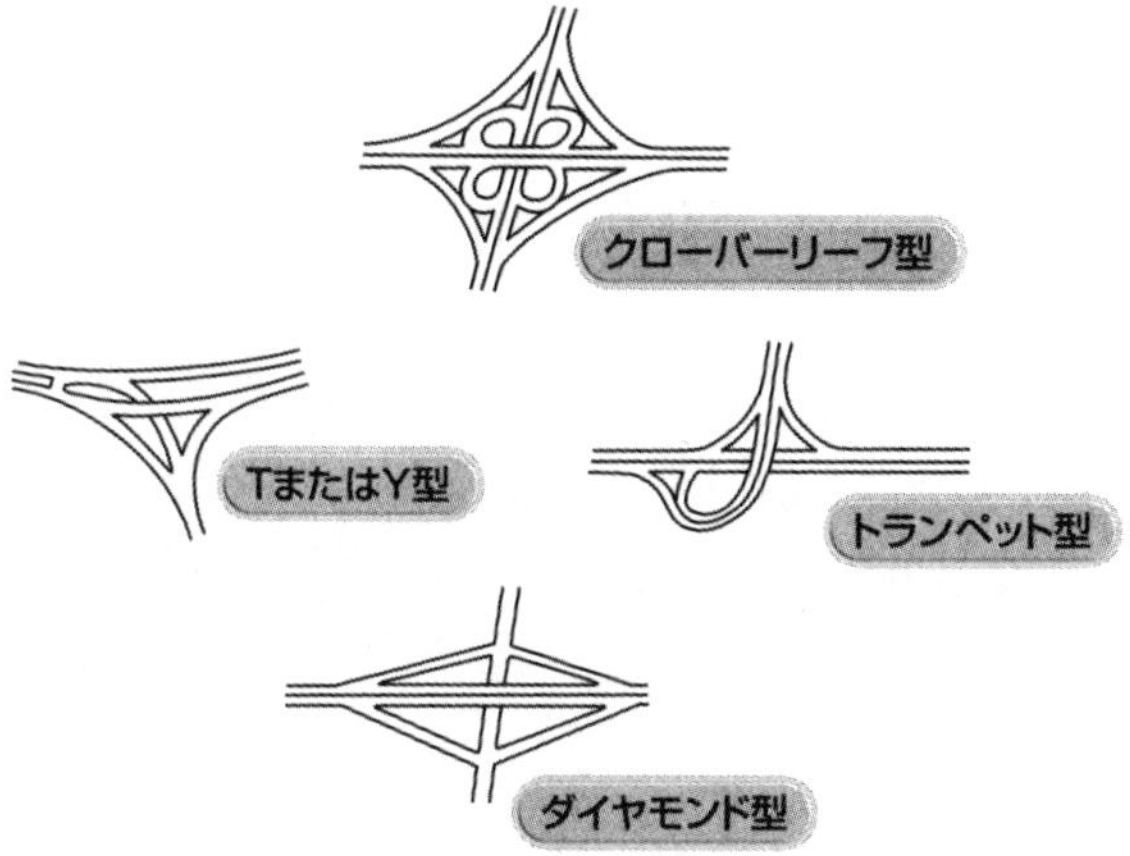

「出入口」を使用している。なお、ランプとは照明のlampではなく、傾斜路や飛行場のタラップを意味するrampである。

インターチェンジは道路の状況や、設置箇所の地形などによって、それぞれ異なった形式のものになる。

その種類としては、トランペット型、ダイヤモンド型、TまたはY型、クローバーリーフ型などさまざまなタイプがあるが、日本では、設置スペースが比較的狭くて済むトランペット型や、Y型のものが多いようである。

近年になって増えてきたのが、スマ

ートインターチェンジである。サービスエリア、パーキングエリア、バスストップから乗り降りできるETC専用の出入口（片方のみの場合もある）で、設置費用や管理費用が低くてすみ、既存の高速自動車国道の有効活用や地域経済の活性化に役立っている。

18 断崖絶壁を走る、海の上のインターチェンジがある⁉

インターチェンジの建設には広大な敷地が必要なだけに、特に都市部での用地の確保は深刻だ。地形が複雑な山間地域においても、設置箇所の選定は容易ではなく、工事が難航することも少なくない。

そこで、スペースがないために、やむをえず海の上に建設したという珍しいインターチェンジがわが国にある。

北アルプスの北端が、日本海に落ち込む**新潟県の南西端に、断崖絶壁が延々と続く「親不知《おやしらず》・子不知《こしらず》」という景勝地がある。**昔からここは北陸道最大の難所として知られていたところで、海岸際まで断崖が迫っている。ここを通る旅人たちは、断崖下の波打際の砂浜を、波が引いたわずかの間に、命がけで走り抜けなければならなかった。

親不知・子不知という地名も、ここを通り抜けるときは、自分の身を守ることで精一

海上のインターチェンジ

杯のため、親は子を、子は親を振り返る余裕もなかったことから生まれたものだという。

明治天皇の北陸巡幸では、海岸線を避けて山越えの道を通った。これをきっかけに、新道建設が進められることとなり、断崖の中腹を切り崩して道路が建設された。すべて人力による難工事だった。その後何度か改修工事がなされ、1966年に国道8号天険トンネルが完成した。

この道路に並行して鉄道も建設された。さらにそこへ高速道路を建設しようというのである。道路は海岸縁を高架で通したものの、インターチェンジを建設するスペースがない。親不知・子不知は、北陸でも有数な観光ポイントだけに、訪れる人が多い。インターチェンジを建設しないわけにはいかなかったのだろう。苦肉の策として、海上にインターチェンジが建設されたのである（1988年開通）。

眼下には日本海、目が眩むような海の青さだ。海上インターチェンジは世界初のケースで、北陸道の新たな名所になった。

ほかにインターチェンジの変わりダネとしては、**中央自動車道下りの八王子ICと名神高速道路上りの京都南ICには出口が2つある。**

八王子ICの第一出口は国道16号バイパスに接続し（南方向のみ）、第二出口はその1km以上西の16号に接続する。京都南ICの場合は、主に渋滞や追突事故回避のために設けられた。

19 高速道路は、あえて直線道路を少なくしている!?

わが国の地形は複雑で、山があったり川があったり、住宅地があったりして、最短距離で道路を建設することが難しいこともある。だから、高速道路には直線区間が少ないのだろうか。実はそうではないのである。

日本の土木技術は世界最高の水準にある。そこに山が立ちはだかろうと、谷や川があろうと、10㎞や20㎞程度の区間なら、直線で高速道路を建設することは、それほど困難なことではない。だったら、なぜ高速道路には、直線区間がほとんどないのだろうか。

高速道路は立体交差になっているため、信号で止まることはない。人や自転車が突然飛び出してくる恐れもない。一般道路のように余計な神経を使う必要がない。だから、つい気が緩みがちになる。しかも、道路の両側が防音壁であったり、土手であったり、一般道路より高いところを走っていたりする。

景色の変化が乏しいために集中力を欠き、眠気をもよおした経験を持つドライバーは多いだろう。

北海道の直線道路を走ったことのある人なら、直線道路がドライバーにとっていかに危険であるかがわかるはずだ。果てしもなく続く平原、田園地帯、どれだけ走っても風景が変化しない単調さ。筆者も北海道をドライブしたとき、どこまでも続く直線道路で距離感覚を失い、スピード感まで喪失しかねない状態に追い込まれたことがあった。

これがもし高速道路だったら、この症状はもっとひどくなっていただろう。高速道路のカーブは、それを防ぐためのものだといっていい。**道路を曲線にすることによって風景に変化をもたせ、集中力を持続させる。そのために、高速道路にはほとんど直線区間がない**のだ。

この工法には、高速道路の先進地、ドイツを走っているアウトバーンの技術が導入されているという。

20 高速道路では、重量制限オーバーの車がなぜバレる？

交通事故の恐ろしさは誰もが認識しているはずなのに、飲酒運転やスピード違反など、交通規則の違反者は後を絶たない。

過積載での運転も充分な交通違反である。それどころか、事故発生時に重大事故の原因となる危険性が高いとして、過積載、シートベルト非着用、違法駐車の3つが1993年制定の「新交通三悪」に挙げられている。

トラックなど貨物用自動車の車検証には最大積載量が記載されている。これを超えて、すなわち過積載で車両を走行させると積載物重量制限超過違反となり、超過分が5割未満、5～10割未満、10割以上でそれぞれに処分される。特に大型車で10割以上の場合は交通違反どころか刑事処分が科され、免許停止あるいは免許取消を受ける。

ところで、高速道路上で過積載車の取締りを見たことがない。たしかに、高速道路上では、車を一台一台止めてチェックするわけにはいかない。かといって、違反者を見逃していたのでは、交通安全上好ましくない。

実は、過積載の取締りは高速道路上でするのではない。違反者は進入前にシャットアウトし、高速道路を走らせないのである。どこにそんな仕掛けが？ **インターチェンジの料金所のすぐ手前に、重量計がちゃんと設置されている**のだ。

軸重計という計器でまずチェックし、その検問に引っかかった車は、料金所をそのままバックさせるというわけにもいかないから、いったん料金所を通して隅に寄せ、そこに設置された重量計で再チェック。過積載がはっきりしたら、そこから一般道路へ強制的に退去させるのである。過積載車が高速道路を走ると、危険なだけでなく、路面を損傷させたり、舗装の寿命を著しく低下させる。そのため、絶えず目を光らせているのだ。

だが例外もある。制限を超える積載物を運搬したい場合、道路管理者の許可を得れば、通行は可能である。

ただし、通行時間、走行速度輸送経路などさまざまな条件がつけられる。新幹線の車両を積んだ大型トレーラーが、深夜の高速道路を走る場面をテレビで見たことはないだろうか。巨大なトレーラーと新幹線の大きな車両、明らかに積載物重量制限超過違反だが、事前に特殊車両通行許可を得て高速道路に乗り入れているのだ。路面を損傷させないように時速20㎞前後の低速で、しかも道路交通への影響を避けるために、深夜に走行するのである。

4章

これは目の錯覚？ 高層ビルの中を貫通する道路!?

——一度は見ておきたい、日本全国の「絶景道、珍道路」

1 街道の並木に果樹を植えた先人の知恵

道路の両端に並木を植えることは、古代から続く日本の文化だといえよう。**樹木を植えて日陰をつくり、旅人たちに休息の場を与えていた**のである。炎天下を道行く人にとって、涼しい木陰がどれほど疲れを癒してくれたことかしれない。木の下で雨をしのぐこともでき、吹きすさぶ風から身を守ることもできる。並木は心強い旅の味方だったのだ。

並木の歴史はずいぶん古い。759年、東大寺の僧、普照《ふしょう》法師の請願によって植樹されたのが、記録上に残る日本で最初の並木だといわれている。朝廷に調物などを運ぶために、太陽が照りつけるなか、重い荷物を背負って歩く百姓たちの姿を見かねて、並木を植えることを思い立った。普照は中国に留学した際、木陰で人々が休息している光景を見て、それがヒントになったのだという。松や杉ではなく果樹を植えたのは、

果実が飢えと喉の渇きを潤すのに役立つからだ。

戦国時代は並木の整備どころではなかったが、織田信長は街道に並木を植えさせ、この頃から並木が整備されるようになった。だが、本格的に並木が植えられるようになったのは、江戸時代になってからで、五街道など主要な幹線道には見事な並木が連なっていた。

明治に入ると、並木の尊さが忘れ去られたのか、次々と伐採され、古い並木の多くを失ってしまった。しかし、失って初めてそのよさに気がついたのか、現代では再び並木が見直され、街路樹が盛んに植えられるようになった。1994年、読売新聞社は全国から景観に優れた街路樹の道を選定し、「新・日本街路樹百景」を制定した。

この当時は景観向上や地域おこしという意味合いが大きかったと思われるが、21世紀に入ると環境保全の観点から重視されるようになる。特に、地球温暖化への取り組みが世界的な緊急課題になっており、街路樹や並木はヒートアイランド現象の緩和、二酸化炭素の吸収に効果があると期待がかかる。もちろん、倒木や電波障害、花粉の弊害などもあるが、後世のために何とか並木は残してほしいものである。

2 樹齢300年の老杉が残る、世界一長い杉並木がある場所は？

明治以降、伐採により多くの並木を失ってしまったが、それでも旧街道には往時をしのばせる並木の残っているところがある。その代表が日光の杉並木だろう。**日光街道（国道119号）と日光例幣使《れいへいし》街道（国道352号）、会津西街道（国道121号）の両側約37㎞にわたって、樹齢3000年を超える老杉約1万3000本の並木が続いている。**唯一、国の特別史跡と特別天然記念物の二重の指定を受けた貴重な文化財である。世界一長い杉並木として、ギネスブックにも載っている（ギネスに登録されている距離は35・41㎞）。

日光杉並木は、1628～48年にかけて、松平正綱が紀州から苗木を取り寄せて植樹したものだという。その業績を讃えた寄進碑が右に挙げた3つの街道の各入口に建てられている。

この壮観な杉並木も、環境の悪化、杉の老齢化などにより毎年100本以上も枯れているといわれ、その危機を打開すべく保護活動も盛んに行われている。対策として、木柵や客土吹き付けなどによる樹勢回復、保護用地の公有地化などがあるが、特に大きな対策が、バイパスの代用が効く一部の区間で自動車の通行を禁止したことだ。これにより、昔の旅人のように景観を満喫しながら街道歩きができるようになった。

杉並木としては、このほかに石畳で知られる旧東海道の箱根の杉並木や、熊本県の大津街道の杉並木などがよく知られている。

江戸時代の東海道には、松並木が延々と続いていた。だが、戦時中に飛行機の燃料を採取するため、また道路の拡張などのために伐採され、今では大磯町や静岡市、磐田市、安城市など、ごく一部にその面影をとどめているにすぎない。

函館市に隣接する七飯町にある赤松並木には、箱館奉行が佐渡から取り寄せたアカマツの並木が10㎞にわたって続いている。クロマツの数100万本という虹の松原(佐賀県唐津市)は、日本三大松原の一つとして有名だ。

3 海の上に松並木！ 絶景の「天橋立《あまのはしだて》」はどのように生まれた？

道は本来、人為的につくられてきたものである。当然、並木も人間が丹精を込めて植えて生まれたものだ。美しい並木が自然にできるはずはない。ところが、自然の成せる業で、海の上に道ができ、その道に松並木まで出現したという世にも不思議な景勝地がある。日本三景の一つとして有名な天橋立である。

天橋立は、宮津湾とその奥にある阿蘇海を分けるように細々と延びている砂州《さす》で、全長約３・６㎞。幅は広いところで１７０ｍ、狭いところでは20ｍほどしかない。この砂州上に、見事な松並木が延々と続いているのである。天橋立は４０００年ほど前から形成されはじめたといわれる。平安時代にはすでに景勝地として知られ、歌にも詠まれている。それにしても、自然の産物にしては、あまりにも大きな人類への贈りものであった。

日本三景の一つ、天橋立

では、なぜこのような美しい砂州が海の上に生まれたのだろうか。そのメカニズムは、まず**海流によって大量の土砂が宮津湾内に運ばれてくる。**この土砂は、普通なら海岸に打ち上げられ、美しい砂浜が形成されるのだが、湾内には野田川や男川など、いく筋もの川が注いでいる。雨が降れば川の流れも激しくなり、勢いよく海に吐き出される。**その川の水流によって、湾内に運ばれた土砂は沖合に押し返される。海流はその土砂を再び湾内へ運ぶ。**川の流れは再度押し返す。**この両者の絶妙な自**

然の働きによって、天橋立という見事な砂州が宮津湾内につくられたのである。

だが、天橋立も戦前に比べるとずいぶん形が悪くなってしまった。もっとスリムで、弓なりの美しい曲線を描いていた。それがなぜ変形してしまったのか。川の上流のダム建設や、砂防工事、護岸工事が原因だったのだ。これらの工事で、天橋立への土砂の供給が減ったため、海流による浸食と、土砂の供給とのバランスが崩れた。砂州は痩せ細り、このまま放っておくと、砂州が消滅してしまう恐れさえ出てきた。

この危機を打開するために、1986年から、海流の上の方から大量の土砂を投入するという方法が続けられた。しかし、自然の力に人間の知恵もおよばなかったようだ。何とか砂州消滅の危機は脱出したものの、いびつな形の砂州に変貌してしまった。だが、天橋立の天下の奇観はかろうじて保つことができた。

砂州上には5000本以上の松の木が生い茂っている。この松は人間が植林したものではない。多少人間の手が加わってはいるが、大部分は自然発生的に生えてきた自然の松並木なのである。また、天橋立には府道「天橋立線」が通じており、「日本の道100選」にも選定されている。

4 1人の情熱が生んだ、太平洋と日本海を桜でつなぐ「さくら道」

日本で最も親しまれている並木は、何といっても桜並木だろう。桜は日本の国花であり、日本人から最も愛されている花でもある。桜並木は全国各地にあるが、ここでは3つの桜並木を紹介したい。

1つ目は、**北海道新ひだか町（旧・静内町）にある「二十間道路桜並木」**だ。道路幅が20間（36ｍ）あることからこの名があるが、道路の両側にはエゾヤマザクラが約2200本、直線で7㎞にわたって続いている。この並木道は、日本の道100選、さくら名所100選、北海道遺産にも選定されている。

2つ目は、太平洋と日本海を桜でつなごうという壮大な夢を抱き、1人の人物によってつくられた桜並木だ。その人物とは、岐阜県出身のバスの車掌、佐藤良二氏である。彼が**名古屋と金沢を結ぶ長距離バス路線の名金線に乗務していた頃、この道を桜**

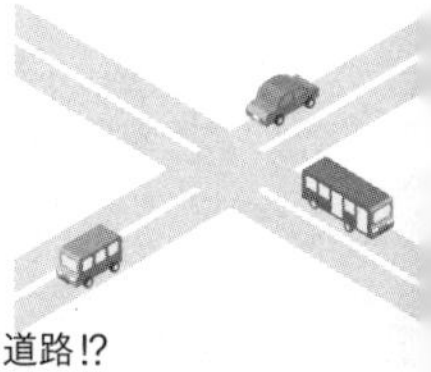

の木でつなぐことを思い立ち、1966（昭和41）年から12年間かけて、たった1人でコツコツと約2000本の桜の苗木を植えていった。

しかし、志半ばにして病魔に倒れ、47歳の若さでこの世を去った。桜の苗木はすくすくと育ち、毎年春になると美しい花を咲かせるようになった。佐藤氏の遺志は地元の有志によって受け継がれ、今も桜の苗木が植え続けられている。また、『さくら道』という本が出版され、映画やテレビドラマ化されたほか、教科書にも採り上げられた。

3つ目は、**埼玉県さいたま市の、見沼代用水沿いに「日本一の桜回廊」を目指してつくられた桜並木**だ。見沼代用水は徳川吉宗の命を受けた井沢弥惣兵衛が1728年に建設した農業用水で、群馬県境の利根川から取水し、埼玉県を南北に貫いて東京埼玉県境の毛長川へと流れている。総延長は70㎞で、支線も入れると100㎞におよぶ。その用水に沿って散策路が設けられており、さいたま市付近の散策路にある桜並木の長さが日本一長いというのだ。さいたま市は2013年度に「サクラサク見沼田んぼプロジェクト」を発足。当時すでに18・2㎞の桜並木があったが、日本一を目指して市民や団体が植樹活動を開始、2017年に総延長が20・25㎞に到達している。

5 志賀直哉、島崎藤村……有名人が愛した散歩道

物を運び、人が移動するために使われる道は、ときには散歩道として利用されることもある。誰にでも自分の好きな道があり、その道を歩くことを楽しみにしている人も少なくない。同じ道でも、自然や町の様子は日々変化し、それを眺めながら歩くことは楽しいものである。文化人たちも散歩道を愛した。

その一つが、**京都・南禅寺の北にある若王子神社前の若王子橋から、琵琶湖疏水に沿って銀閣寺西の銀閣寺橋まで約２㎞の「哲学の道」**だ。昭和初期の哲学者西田幾多郎が、思索にふけってよくこの道を散歩したことからこの名がある。春は桜、初夏は目に染み入る木々の緑、秋の紅葉と四季折々に変化する自然は素晴らしく、この道が気に入っていたのもうなずける。

玉川上水沿いも散歩道として有名だ。玉川上水とは、江戸時代初期につくられた飲

料に供する水路で、多摩川上流の羽村取水口から新宿区の四谷大木戸まで、約43kmにわたって武蔵野台地を流れている。小説『武蔵野』を著した国木田独歩は、歌川広重の「小金井堤桜の図」にも描かれている桜橋（武蔵野市）付近をこよなく愛した。独歩の文学碑が建てられ、すぐ近くの橋も独歩橋と名付けられている。ほか、山本有三、武者小路実篤、三木露風らの文学者も玉川上水沿いの散歩を楽しんだ。

瀬戸内海に面する美しい港町、**広島県の尾道市《おのみち》**は、志賀直哉や林芙美子など多くの文学者たちに愛されてきた歴史の町である。瀬戸内海を眼下におさめる千光寺公園には、尾道を愛した文化人らの足跡が碑となり、それらの文学碑を結ぶ小径が「文学のこみち」として観光客たちに人気だ。

播磨の小京都として知られる兵庫県たつの市は、「赤とんぼ」の作詞者三木露風をはじめ、多くの文人墨客から愛された町である。龍野公園には文学の小径や哲学の小径が散歩道として整備されている。

ほかにも島崎藤村は**木曽路**を、北原白秋は**水郷柳川**をというように、文学者たちは散歩道を愛し、名作を生んできたのである。

6 松尾芭蕉が『おくのほそ道』で訪れた最北の地とは？

道と文学といったとき、頭に浮かぶ一つが『おくのほそ道』だろう。日本の紀行文学史上最高傑作ともされ、道中で詠まれた句は多くの人に親しまれている。

芭蕉は崇拝する西行の５００回忌にあたる１６８９年の３月（新暦5月16日）、門人の河合曾良《そら》を伴って奥州、北陸道を巡る旅に出た。江戸深川の隅田川畔にあった芭蕉の草庵から、船に乗ってまず千住へ。そこから草加、日光と道をとり、下野《しもつけ》の城下町黒羽《くろばね》（大田原市）へ。ここでは大いに歓待されたこともあって、十数日間という、おくのほそ道の旅行では最も長く滞在した記念すべき地となった。ここからさらに北へ向かい、白河関を越えて奥州へ入る。

須賀川、飯坂、仙台と歩き、日本三景の一つ、松島に到着。ただただ感動したのか句は何も残していない。「松島や、ああ松島や松島や」と詠んだのは相模の狂歌師・

田原坊だといわれる。平泉では藤原三代の栄華をしのび、高館義経堂《たかだちぎけいどう》（義経の居館跡）では「夏草や兵どもが夢のあと」の句を詠んだ。毛越寺《もうつうじ》にはこの句碑がある。平泉は、おくのほそ道の折り返し点にもあたる地で、ここから山を越えて出羽の国へ入った。立石寺《りつしゃくじ》（山形市）では、「閑《しずか》さや岩にしみ入る蝉《せみ》の聲《こえ》」の句を残し、急流で名高い最上川では「五月雨を集めて早し最上川」と詠んだ。出羽三山の最高峰である月山にも登り、**道中最北の地となった象潟《きさかた》（秋田県にかほ市）**に到着したときは、もう6月半ば（新暦8月1日）である。当時の象潟は、松島に劣らぬ景勝の地で、その多島美風景を評して「松島は笑ふが如く、象潟はうらむが如し」と詠んだ。ここから日本海岸を南下して新潟、富山、金沢、福井と北陸道を歩き、美濃の大垣で大旅行を終えたのである。

旅行日数は約150日、全行程約2400kmにもおよぶ。さらに驚くのが年齢で、旅立ったのは芭蕉46歳のとき。当時の平均的な寿命と道路事情なども考えると、大変な冒険旅行ともいえた。危険な目にも遭っただろうが、各地で細やかな人情にも触れ数々の名句を残した。芭蕉はひたすら道を歩き、人生を旅に賭けてきたのである。

7 登ってびっくり！ 日本一長い石段、日本一長いズリ山階段

階段を売り物にしているのは、津軽半島の階段国道ばかりではなかった。

熊本県の美里町（旧・中央町）に、とてつもなく長い石段がある。石段も歩道の一種、れっきとした道である。旧・中央町は、県のほぼ中央にあることからその名があったが、石橋が多い町として一部のマニアの間で密かな人気がある。

石段はこの町の活性化を図るために、釈迦院の表参道にあたる御坂に建設されたもので、１９８０年に着工し、１９８８年に完成している。３３３３段という日本一段数の多い階段で、「釈迦院御坂遊歩道」と名付けられている。それまで日本一だった羽黒山（山形県）の２４４６段を軽々と抜いて、堂々の日本一に輝いたのだ。

長さは２・９㎞もある。足に自信がなければ、とても頂上までたどり着けそうにもない。

この石段の特徴は、世界各国の名石を使っているということだ。地元の熊本石をはじめ、中国、韓国、インド、ロシア、アメリカ、ブラジル、南アフリカと、石段で世界の石巡りができるほどである。

北海道の赤平市《あかびら》には、日本一長いという珍しいズリ山階段がある。ズリ山とは採掘された石炭に混じっている不純物を積み上げた山で、九州ではボタ山という。赤平市は旧炭鉱都市で、最盛期の1960年頃には約6万人の人口を有していたが、現在は1万人弱となっている。ズリ山階段は赤平市制百年を記念し、町の活性化を願って1990年に建設された。標高197mのズリ山に、777段の階段がつくられた。

それまで日本一だった長崎県のボタ山階段（555段）を抜いて、日本一の座についたのである。

頂上からは、赤平市街を眼下に、暑寒別岳や十勝岳が一望のもとに見渡せる。

熊本県美里町、日本一長い石段

北海道赤平市、日本一長いズリ山階段

8 道路のど真ん中を走る、珍しいバスレーンがある？

大都市の慢性的な渋滞は深刻である。特に朝夕のラッシュ時、路線バスは定時運行ができないというのが実情だ。それを少しでも緩和するために考え出されたのが、バスの専用レーンや優先レーンであった。バスレーンから、マイカーなどの一般車両を排除し、バスをスムーズに走行させようというものである。

バスレーンは道路の左側車線を利用しているのが普通である。ところが、道路の中央を堂々と走っている珍しいバスレーンがある。**「基幹バスレーン」と呼ばれているもので、全国で唯一、名古屋市にある。**かつて全国の主要都市を走っていた路面電車にヒントを得たものだ。

バスが道路の中央を走っていれば、バス停も道路のど真ん中にある。このバスレーンが設置されたのは1985年。名古屋の都心と、人口の増加が著しい東部住宅地を

基線バス道路の真ん中にバス停がある

結ぶ10・4㎞の区間で、地下鉄の代替機関として整備された。

従来のバスより高速、高密度で定時運行が可能だ。朝、夕のピーク時には1分から2分間隔で運行されている。交通渋滞の影響を受けることが少なく、バス専用優先の信号方式をとっているため、従来のバスのようにその都度信号で待たされることもない。バス停も地下鉄並みの800～1000m間隔で設置しているため、スピードも地下鉄並みの速さである。渋滞で苛立つマイカーたちを尻目に、専用レーンを快走する大型基幹バス。

名古屋は鉄道の整備が東京や大阪に比べ遅れているため、マイカーへの依存度が高い。この中央走行方式のバス専用レーンも、マイカーから公共交通機関に切り換えさせるための、一つの手段でもあったのである。

道路の左端を走るバスレーンに比べ、中央走行の基幹バスレーンの利点は、まず路肩の違法駐車の影響を受けない。それに右左折車に進路を妨げられることもない。路地から幹線道路に流入してくる車、および幹線道路から路地へ入っていく車などの影響も受けない。だから高速走行が可能なのだ。

この方式は全国から注目を集めたが、道路幅にある程度の広さがなければ設置が難しい。それに、初めてこの道路を利用するドライバーは、どのレーンを走ればよいのか迷いやすく、危険性も高いことから、全国的に普及するまでには至っていない。

9 これは目の錯覚？ 高層ビルの中を貫通する道路!?

１９５２年に道路法が施行されて以来、道路の上下空間に建築物を建てることは、原則として禁止されていた。道路の建設スペースがあるときはこれでよかった。しかし、大都市は過密状態であり、道路建設用地の確保が非常に困難な状況にある。特に都市高速道路は、人口の密集した市街地に建設する必要があるため、用地の確保はなおさら難しい。この法律がネックになり、道路整備が思うように進まなかったのが実情である。

そこで、貴重な都市空間をもっと有効に活用すべきではないか、との考えから生まれたのが、１９８９年に創設された立体道路制度である。道路と建物を一体として建設することが可能になったのだ。

この制度を適用して１９９２年２月、ビルの中を高速道路が貫いているという珍し

ビルの中を道路が通る（大阪市梅田）

い建築物が出現した。大阪市の梅田地区は、わが国屈指の商業、業務地区だ。その梅田には、これまで阪神高速道路の入口しかなかった。交通渋滞は日増しに激しくなる。それを緩和するために、梅田に出口も建設する必要に迫られた。だが用地の確保は難しい。そこで、この立体道路制度が適用されたのである。土地所有者の計画するビルと道路をドッキングさせ、道路がビルの中を通り抜けるという奇妙な高層ビルが誕生したのだ。

16階建てオフィスビルの、TKPゲートタワービルの5階から7階の部分を、阪神高速道路の梅田出口に向かう出路が

貫通している。高速道路とビルは独立した構造になっており、まったく接触していないので、ビルを解体したとしても道路に影響はない。大阪ではちょっとした観光スポットになっている。

また、関西国際空港の「りんくうタウン」も、立体道路制度の適用例だ。りんくうタウンに、阪神高速道路の湾岸線と日本道路公団の関西空港自動車道の接続するジャンクションが建設されたが、高架下の空間に、道路と一体となった商業施設などが建設された。

東京では虎ノ門ヒルズ（東京都市計画道路環状2号線）や、目黒区のオーパス夢広場（首都高速道路大橋ジャンクション）に立体道路制度が適用されている。

10 海の上を車が走る!? 絶景を楽しめる「海中道路」

陸地と島を結んでいる橋は全国各地で見られ、決して珍しいものではないが、打ち寄せる波をかき分けるように、海の中に延々と続く道路はそうあるものではない。**沖縄本島中南部の東側から、太平洋に突き出た与勝半島（全域がうるま市）と、その沖に浮かぶ平安座《へんざ》島との間には、全長4・75㎞の海中道路がある。**陸地と島が、橋ではなく堤防状の道路でつながっているのである。それ以前は、この海域は浅いので満潮時には船で渡り、干潮時には歩いて渡ったという。

海中道路がつくられたそもそもの目的は、平安座島に石油備蓄基地が建設されたことにともない、沖縄本島と平安座島を結ぶ産業道路として計画されたものである。1961年に着工し、1972年に完成しているが、海中道路の途中に船舶航行のための橋が一か所と、潮流を確保するための水路が2か所設けてある。

沖縄本島と平安座島をつなぐ海中道路

平安座島には平家の落人《おちうど》伝説が残り、その先の宮城島は琉球王朝時代の流刑地だったところだ。宮城島の先には伊計島があり、平安座島の南には浜比嘉島が浮かんでいる。この浜比嘉島が1997年、全長約1・5㎞の浜比嘉大橋で平安座島と結ばれた。

平安座島と宮城島との間には、17mの桃原橋が架けられているが、その先の伊計島とは、1982年に伊計大橋(198m)でつながった。これで4つの離島が橋と道路で結ばれたのである。

海中道路は、高いところから海を見下ろす橋と違って、目線とほぼ同じ高さに海が広がっているので、潮の香りが優しく鼻をくすぐる。車で走っていても、海が手に取るような近さに迫ってくるのが素晴らしいと、ドライバーには大変な人気である。CMや映画のロケ地としてもたびたび使われている。

海中道路の中央には「海の駅あやはし館」がある。亜熱帯植物が茂るロードパークが整備され、360度のオーシャンビューが楽しめる。あやはしとは「美しい橋」という意味だ。2階には海の文化資料館があり、貿易船の「マーラン船」が展示されている。

産業道路として建設された海中道路だったが、今では沖縄自慢のシンボルロードになっている。海中道路と浜比嘉大橋を渡る「あやはし海中ロードレース大会」が毎年開催されており、こちらも人気が高い。

11 日本列島より長い自然歩道がある！

道路の原点ともいえるのが歩道である。車が走っていなかった時代、道路はすべて歩道だといってもよかった。しかし、やがて道路は車に占領されるようになり、歩行者のために設けられた歩道も、最近は自転車が我がもの顔で走っている。歩行者が安心して歩けるのは、もう公園くらいのものなのかもしれない。

文明が発達すればするほど、人間は自然への欲求心が強くなる。より短時間で目的地まで到達したいと思う一方で、よりゆっくりと歩いてみたいと思うこともある。煩わしい日常の生活から逃れ、**自然の中を安心して歩けるようにと整備されたのが自然遊歩道である。**

自然遊歩道には、環境省の補助を受けて都道府県が整備し、管理する長距離自然歩道と、各自治体がそれぞれ独自に整備している自然歩道とがある。長距離自然歩道の

先駆けとなったのが**東海自然歩道**である。東海自然歩道は、東京の明治の森高尾国定公園から、大阪の明治の森箕面《みのお》国定公園までを結ぶ長距離自然歩道で、1973年に完成している。

続いて1980年には、北九州国定公園の皿倉山を起終点とし、九州7県を網羅した全長2932㎞の**九州自然歩道**が完成した。青森から鹿児島までを高速道路で走った距離（約1900㎞）よりもはるかに長い自然歩道である。その後に完成した東北自然歩道は、九州自然歩道よりもっと長いのである。

2021年には、新潟県村上市（旧・山北町）から滋賀県大津市までの8県にまたがる**中部北陸自然歩道**も完成。このように、長距離自然歩道が次々と誕生している。現在、着々と建設が進められている**北海道自然歩道**は、完成すれば全長4585㎞にもなる。北海道と沖縄を一往復してしまうほどの長さである。これらの自然歩道がすべて完成すれば、総延長は約2万6000㎞にもなる。これは、鉄道の総延長距離に匹敵する長さである。

長距離自然歩道

※環境省HPより

北海道自然歩道	4,585 km 未供用を含む	丘の道「森林公園を訪ねる道1-4」、維新の道「赤松並木を歩く道」など23路線
東北自然歩道 （新・奥の細道）	4,369 km	青森37、岩手42、宮城29、秋田50、山形45、福島26の各コース
東北太平洋岸自然歩道 （みちのく潮風トレイル）	1,025 km	八戸市ルート、久慈市ルート、陸前高田市ルート、相馬市ルートなど28コース
中部北陸自然歩道	4,091 km	新潟43, 群馬6, 富山31, 石川3、福井21、長野34, 岐阜26、滋賀14の各コース
首都圏自然歩道 （関東ふれあいの道）	1,794 km	東京7、栃木36、群馬35、埼玉13、千葉29、神奈川17、茨城18の各コース
東海自然歩道	1,734 km	東京、神奈川、山梨、静岡、岐阜、愛知、三重、滋賀、京都、奈良、大阪の11都府県
近畿自然歩道	3,296 km	福井12、滋賀2、三重38、京都38、大阪31、兵庫65、奈良31、和歌山53、鳥取1の各コース
中国自然歩道	2,295 km	鳥取21、島根37、岡山43、広島17、山口12の各コース
四国自然歩道 （四国の道）	1,647 km	徳島24、香川28、愛媛33、高知37の各コース
九州自然歩道 （やまびこさん）	2,932 km	福岡10、佐賀10、長崎41、熊本12、大分5、宮崎8、鹿児島5の各コース

12 現代版「モーゼの奇跡」!? 海を割って道が出現する島の不思議

沖縄の海中道路は、陸地と島を人工的につないだが、自然の力、すなわち川の上流から運ばれた土砂によって、島が陸続きになったという例もある。この砂州を陸繋《りくけい》砂州、あるいはトンボロといい、結ばれた島を陸繋島という。トンボロはイタリア語で陸繋砂州の意。陸繋島は男鹿半島や江の島、潮岬、志賀島など全国各地で見られる。

陸繋島で世界的に有名なのが、世界遺産にも登録されている**フランスのモンサンミッシェル**だろう。筆者も十数年前に訪れたことがあるが、砂州先端の小島にそびえ建つ巨大な修道院に圧倒された。陸地から修道院まで、道路でつながっているので（現在は橋）安心して渡れるが、昔は潮が引いている時間帯を見計らって小島に渡っていたので、潮が満ちてくる前に渡ることができず、命を落とした巡礼者もいたという。

また、突然海の中に道が現れ、陸地と島がつながるという珍しい現象の起こる島が

ある。その名も**珍島**《チンド》、**韓国の南西端にある小さな島**だ。かつては、思想犯の流刑地だったところで、現在は田畑の広がるのどかな島である。

その静かな島に、1年のある時期だけ大異変が起きる。珍島と、その南東沖に浮かぶ茅島《モド》との間の海水を、割り裂くようにして道が出現するのである。そして、珍島と茅島との間約2㎞が地続きになる。毎年4、5月頃の大潮のときに見られる珍現象で、この世にも不思議な現象を一目見ようと、国内はもとより、外国からも大勢の観光客が押し寄せる。そして、潮が引くのを待って大勢の人々が一斉に、茅島を目指して歩きはじめるのである。いつ波が打ち寄せるかもしれぬスリル、まさしく〝モーゼの奇跡〟を思い起こさせる怪奇な光景である。

スケールは小さいが、日本でもこれに似た現象の見られるところがある。**伊豆半島西海岸の堂ヶ島**だ。大潮になると、堂ヶ島とその沖に浮かぶ三四郎島が地続きになり、歩いて渡ることができる。海の上に道ができるのだ。堂ヶ島のほかにも全国各地で見られるが、珍島のように年に数度だけしか見られないのと違って、大潮のたびに現れる現象である。

13 全長1487㎞！ 圧巻の「サイクリングロード」

健康志向が高まる中で、動力に頼らず自分の足で自然を体感しながら駆け巡るサイクリングは人気が高い。かつては、交通の手段であり荷物を運搬する道具であった自転車だが、今では健康づくりのための運動器具、スポーツを楽しむためのマシンなのである。

日本でサイクリングロードが本格的に建設され始めたのは、1960年代のモータリゼーションの到来で、あらゆる道路がすっかり自動車に占領されてしまってからのことである。自転車が被害にあう交通事故も多発したため、政府は1970年に「自転車道の整備等に関する法律」を制定。これにより自転車専用道路、すなわちサイクリングロードが次々と整備されていった。

当初は公園内にあるようなごく小規模なものだったが、それだけではサイクリング

を存分に楽しめないと、サイクリングロードもだんだん距離が長くなり、全国各地で「大規模自転車道」と呼ばれる、長距離の自転車専用道路が整備されるようになった。

その一つが太平洋岸自転車道である。

太平洋岸自転車道は、千葉・神奈川・静岡・愛知・三重・和歌山の各県を通るルートで全長は1487㎞におよぶ。

東側のスタート地点は銚子駅。そこから房総半島を回り込んで、三浦半島に渡り、伊豆半島、御前崎と太平洋沿岸を走る。愛知県の渥美半島から志摩半島へ渡って、紀伊半島の海岸線を忠実になぞりながら（三重県内には内陸部ルートもある）、潮岬を回って大阪府に近い和歌山市加太でゴールとなる。

構想は1973年に始まるが、それから半世紀近くかけて2021年にやっと完成した。

国土交通省では、2019年に「日本を代表し世界に誇りうるサイクリングルート」として、ナショナルサイクルルートを制定。太平洋岸自転車道ほか3つの長距離サイクリングロードが指定され、これらを含む36地域のモデルルートが設定されている。

14 ヨーロッパの街路をそっくり真似た町が日本にある？

碁盤目状の街路が東洋的な道の文化なら、放射状に延びる街路は、西洋の道の文化だといえよう。ヨーロッパの都市には、中国や日本の都市でみられる碁盤目状の街路はほとんどない。広場を中心に、道路が放射状に延びているのがヨーロッパの都市の特徴である。

四角形の一つの角から対角の地点に行く場合、直角に曲がっていくより対角線方向に進んだ方が短い。碁盤目状より放射状の道路の方が、より機能的だというのが、西洋の街路に対する考え方なのだろう。

だが、碁盤目状より放射状の方が優れた街路だとはいい切れない面もある。計画的に建設された都市として知られる**アメリカの首都ワシントン**は、碁盤目状に張り巡らされた街路に、道路が対角線にも走っている。双方の長所を取り入れたのだろう。

東京都・田園調布の放射状道路

出所：国土地理院

北海道の帯広市が、碁盤目状の街路に斜めにも道路が走っていることから、ワシントンをモデルに建設されたといわれている。

日本の首都東京も、皇居を中心に放射状に道路が延びているが、決して西洋の都市をモデルにしたわけではない。江戸城の外堀が丸みを帯びていたことから、今のような街路になったのだろう。

その東京に、ヨーロッパの道の文化をそっくり取り入れて建設した町がある。高級住宅地として有名な**田園調布**である。田園調布も今ではすっかり東京の一部になっているが、建設された当初は、荏原郡調布村というのどかな村だった。

田園調布は1918年、田園都市株式会社を設立した渋沢栄一が中心となって、イギリスで提唱された田園都市構想をモデルに建設した理想都市であった。都市の外側を田園や緑地帯で囲み、企業も誘致し、交通渋滞や公害のない、住環境に優れた都市を建設しようというものだ。田園調布の駅前広場を中心に放射状に延びる道路は、当時の名残である。

田園都市構想は田園調布のほか、東急目黒線の洗足駅を中心とした**洗足田園都市**や、**大阪の千里山住宅地（吹田市）**、**大美野田園都市（堺市）**の例がある。

また、JR中央線国立駅の南側に2本の斜めの道があるのは、数々の学園都市を建設した箱根土地株式会社の堤康次郎が、田園都市構想の影響を受けたためとされる。

15 「パリのシャンゼリゼ通り」と姉妹提携している通りはどこ？

都市と都市が姉妹提携を結び、交流を深めていることはよく知られているが、外国の道路と提携を結んでいる道路が日本にある。しかも提携先は、おしゃれであこがれのシャンゼリゼ通りなのである。

シャンゼリゼ通りは、フランスの首都パリの中心街にある大通りで、シャルル・ド・ゴール広場の凱旋門からコンコルド広場に至る1・8㎞余りの道路だ。通りに面して、カフェ、レストラン、ホテル、劇場などが建ち並び、芝生や庭園に囲まれた緑豊かな公園通りである。**このシャンゼリゼに似た通りが、日本にもある。名古屋市の中心街を南北に貫いている久屋《ひさや》大通だ。**

久屋大通は、噴水や花時計、彫刻、庭園、それに樹木も茂る緑地帯になっており、都心のオアシスとして市民から親しまれている。また、道路の両端にはデパートや専

門店などが建ち並び、道路の下は大地下街である。シャンゼリゼと共通点も多いことから、1989年、名古屋中央大通連合発展会とシャンゼリゼ委員会との間で友好提携が結ばれた。その後、久屋大通にはシャンゼリゼ通りと同じ街灯やシャンゼリゼ友好記念モニュメントがつくられ、オープンテラスの店も多い。通りの中央に建つ名古屋テレビ塔は、シャンゼリゼ通りからも見えるエッフェル塔を彷彿させる。

日本の繁華街の代名詞にもなっている東京の銀座が、その数年前にシャンゼリゼ委員会に姉妹提携を申し込んだところ、あっさり断られたという経緯があるだけに、久屋大通は名古屋のシンボルロードとして、市民の誇りになっている。

この久屋大通、100m道路としてよく知られているが、平均幅員は112・2mあり（延長1738m）、久屋大通と直角に交わる若宮大通（100m）や、札幌の大通（105m）よりも広いのだ。さらに、リニア中央新幹線の開通に合わせて、北エリア・テレビ塔エリア・南エリアの新設など、順次再開発が進められている。

16 門前町から発展した日本一長い商店街とは？

町の魅力は、充実した商店街にかかっているといってもいい。商店街とは、ある特定の地区に多くの商店が集まっている街路をいう。かつては、どの商店街も町一番の賑わいがあったが、モータリゼーションの影響や大型商業施設の郊外出店などから、商店街で買い物をする人がめっきり減った。すっかり寂れた商店街も少なくないが、店主たちのアイディアと工夫で、活性化に成功した商店街もある。

商店街の歴史は古い。京都の錦小路《にしきこうじ》のように、平安時代からすでに存在していた商店街もある。城下町にも商店街が形成されていたし、伊勢神宮の参道や浅草寺の仲見世などのように、門前町から発展した商店街もあった。金沢市では、1894（明治27）年に日本で最初の商業組合となる片町組合が結成され、店舗同士の協力体制がつくられた。そのため、香林坊《こうりんぼう》交差点から犀川《さいがわ》大橋にかけての片町商店街は、日本で最

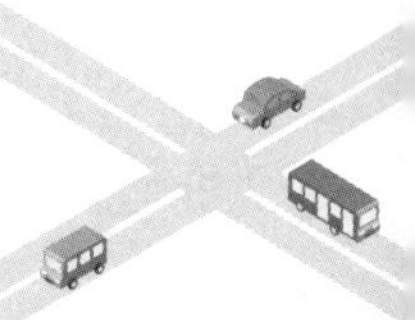

初の商店街と呼ばれる。

現代でも、全国には数え切れないほどの商店街がある。その規模はさまざまだが、日本一長い商店街はどれくらいの長さがあるものだろうか。**大阪市にある「天神橋筋商店街」が、日本一長い商店街として知られている。**天神橋筋は、天満宮の門前町として発展した歴史ある商店街で、天下の台所、大阪の胃袋を満たす天満市場も近くにあったことから、庶民的な盛り場として大阪きっての賑わいぶりを見せていた。

だが、昭和初期には天満市場が移転したり、大型店の攻勢にさらされたり、さらには地下鉄と阪急の相互乗入れでターミナル性も失い、苦境に立たされた時期もあった。だが、魅力ある商店街を目指して巻き返していった。天神橋筋商店街は、天神橋1丁目から6丁目まで、全長2・6㎞にもおよぶアーケード商店街で、衣料品店や飲食店、娯楽場などが軒を連ねている。

だが商店街の総延長では、**香川県高松市にある高松中央商店街**が、全長2・7㎞で日本一長い。また、日本で初めてのアーケード商店街は、1951年に誕生した北九州市小倉北区魚町にある、全長130mの魚町銀天街がある。

17 日本で一番広い地下商店街はどこ？

大都市では地上ばかりではなく、地下空間も有効に活用されている。特に、ターミナルの地下には大規模な商店街が形成されていることが多い。

地下街は大きく分けて、鉄道の地下フロアや地下鉄の建設と合わせて開設されたもの、単独の商店街建設を目的としたもの、地上の交通緩和を目的につくられた地下通路の設置と合わせて建設されたものがある。

1927年、上野―浅草間にわが国で初めての地下鉄、銀座線が走り、その3年後の1930年に地下鉄上野駅の地下に「上野ストアー」が誕生した。上野公園の西郷隆盛像の下の地下鉄乗車口から車坂まで、全長500mの地下道ができ、その両側に食料品店や雑貨店などが並んだ。これが日本で最初の地下街とされる。1932年以降、同じく銀座線の須田町、室町、日本橋、銀座、新橋に地下街ができた。

地下商店街延床面積ランキング

（単体の地下街：㎡）

クリスタ長堀（大阪・心斎橋）	81,765
八重洲地下街	73,253
川崎アゼリア	56,704
セントラルパーク地下街（名古屋・栄）	55,732

一方、大阪では地上の交通混雑緩和で地下商店街が形成されていった。梅田駅や難波駅周辺は混雑が激しく、バイパスをつくるのも難しかったため、車は地上に人は地下に、と考えられたのである。１９５７年に難波地下街（現ＮＡＮＢＡなんなん）が開業、これが最初の本格的地下街とされる。次いで、１９６３年に梅田地下街が開業した。

このように、**高度経済成長期に日本各地で次々に地下商店街が生まれた背景には、都心の地価の高騰が挙げられる。**地価の高騰により、地下空間をより有効的に活用せざるをえなくなったのである。

もちろん、それだけの店舗需要があったからで、公共民間が一体となって事業を推進させたことが、地下商店街を急速に発展させたといえる。

18 道の下には何がある？ 道路の地下に広がる「都市空間」

大都市では地上が手狭になったということもあるが、道路の地下も有効に活用されている。地下鉄や地下駐車場、地下街などのほか、**上下水道、ガス、電気、電話など、都市機能を担うパイプなどが埋設され、洪水を防ぐ調整池まで設けられているところもある。**まさに道路の下は、地上に劣らぬ大切な都市空間なのである。

近年、大都市ではすっきりした街並みが見られるようになってきた。景観を損ねていた電線が地中に埋められ、道路上から電柱が姿を消しつつあるからだ。

それでも、このような無電柱化は、海外の大都市に比べれば日本各都市は大きく遅れている。理由の一つは費用が高いこと。最初から無電柱化が計画されていた街ならともかく、地面を開削し、すでに埋設されている水道管やガス管を避けて設置するのは非常に高くつく。また、電柱には電線や電話線、無線基地局など実に多くのインフ

世界の主な都市の無電柱化

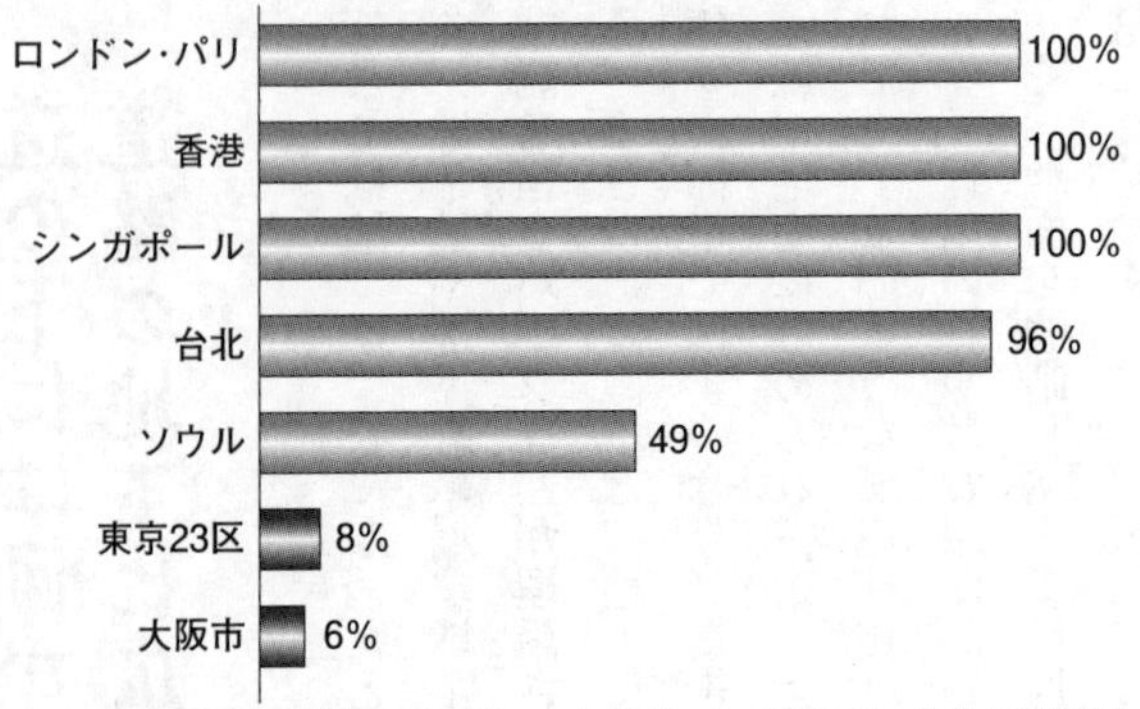

※ロンドン・パリ、香港：2004年、シンガポール：2001年、台北：2015年、ソウル、日本：2017年

（出典：国土交通省「無電柱化の整備状況」）

ラがぶらさがっており、その利権を調整するだけでも大変だ。

無電柱化が推進されるのは美観のためばかりではなく、防災や交通安全のためでもある。電柱によって道路が狭くなり、視認性が悪くなって事故を引き起こしかねない。大地震のときは電柱が倒れて、避難経路がふさがれたりする。

これらの問題が無電柱化で解消できる。電線類を共同で収容するＣＣＢＯＸ（電線共同溝）や、上下水道、ガス、電力、電気通信などをひとまとめにして収容する共同溝が、道路の下に着々と整備されつつある。

5章

「レンコン町」と称される、トンネルだらけの町がある!?

——世界一も目白押し!「橋とトンネル」おもしろ雑学

1 山があれば川がある！
山国の日本には、一体いくつの橋がある？

日本は山国のため、体内を流れる毛細血管のように無数の川が流れている。川は人々の生活になくてはならない天の恵みだが、一方では、交通の大きな障害になってきた。橋がなかった時代、対岸に渡るのに、樹木を切り倒してそれを川に跨がせたのだろうか。それとも、石を川の中に投げ込み、足場を固めながら渡ったのだろうか。経験から知恵が生まれ、やがて川に橋を架ける技術を生み出したのだろう。

古代文明が栄えたメソポタミアやエジプト、ローマなどでは、紀元前からすでに木桁の橋や石橋などがつくられ、記録にも残っているが、日本の橋梁技術は道路と同様、外国に比べると大きく遅れていた。

記録に残っているものとしては、３２４年、**仁徳天皇の時代につくられた猪甘津橋《いかいつのばし》が、日本で最初の橋だといわれている。**日本書紀に「猪甘津に橋を為す」とある。現

橋梁数ランキング

〔2m以上：全道路管理者〕

1	岡山県	33,228	38	宮崎県	9,698
2	北海道	31,457	39	神奈川県	9,486
3	福岡県	30,504	40	山形県	9,469
4	静岡県	30,445	41	石川県	9,424
5	兵庫県	30,109	42	山梨県	8,678
6	岐阜県	27,016	43	香川県	8,193
7	愛知県	26,017	44	鳥取県	7,864
8	広島県	23,667	45	青森県	7,070
9	新潟県	23,204	46	東京都	6,139
10	長野県	22,270	47	沖縄県	2,741

※道路メンテナンス年報（国土交通省）
（2021年3月末現在）

〔15m以上〕

1	北海道	13,173
2	兵庫県	5,676
3	岐阜県	5,495
4	長野県	5,468
5	福島県	5,222
43	香川県	1,607
44	群馬県	1,142
45	沖縄県	845
46	栃木県	116
47	茨城県	91

※道路統計年報（同左）
（2020年3月末現在）

在の大阪市東成区に猪飼野《いかいの》という地名がある。ほかにも、646年には元興寺の僧である道昭が京都の宇治川に宇治橋を架け、725年には行基が淀川に山崎橋を架けるなど、古くは僧侶が中心になって橋が建設されることが多かった。

当時の橋はほとんどが木橋だったが、江戸時代になると、大陸との交流があった九州や琉球を中心に、石造りの橋がつくられるようになった。長崎や諫早の眼鏡橋、熊本の通潤橋、鹿児島の五大石橋などがその代表的なものである。

明治になると鉄製の橋が誕生し、やがて鉄筋コンクリート橋の時代がやってくる。

ところで、日本には一体いくつの橋があるのだろう。橋についての明確な定義はないが、**わが国では長さ2m以上のものを橋（専門的には橋梁と呼ばれる）とみなしている。全国には合計72万7545の橋がある。**また、15m以上の橋梁は全国に16万4142橋、総延長は1万558kmにも及び、1つの橋は平均で64mとなる。長大橋からわずか数mしかない小さな橋まで、わが国には無数の橋がある。

2 「ラーメン橋」って、どんな橋？

橋の種類と一口にいっても、用途や材料、構造などによってさまざまな分類法がある。橋の用途による分類としては道路橋、鉄道橋、水路橋、歩道橋、それにこれらの併用橋がある。橋の材料によっては木橋、石橋、鋼橋、鉄筋コンクリート橋、合成橋などがある。

また、橋床の位置により上路橋、中路橋、下路橋、二重橋などがあり、橋が動くかどうかによって固定橋と可動橋がある。橋桁の構造による分類としては、桁橋《けたばし》、トラス橋、斜張橋《しゃちょうきょう》、アーチ橋、ラーメン橋、吊《つり》橋などがある。それぞれに長所と短所があり、橋の用途や長さ、建設費などを考慮してどの構造の橋にするかが決められる。

ところで、ラーメン橋とはいかにも風変わりな名称だが、どんな橋をいうのだろうか。ラーメンはラーメンでも中華そばのことではない。ラーメンはドイツ語で「額縁」の意で、もっと簡単にいえば「枠」のことだ。**枠の縦に相当する柱と、横に相当する梁を剛接合（一体化させた結合方法）した構造をラーメン構造といい、それによる橋をラーメン橋という。**高速道路を跨ぐ橋など、ごく一部で見られる程度で、あまり一般的な橋ではない。

トラス橋は、三角形をいくつも組み合わせた骨組みの橋をいう。斜張橋は吊橋の一種で、支点となる塔（主塔）から斜めに張ったケーブルで橋桁を吊ったものである。美観に優れていることから最近増えつつある。瀬戸内しまなみ海道の多々羅大橋や、外環道（国道298号）の幸魂《さきたま》大橋などが代表的なものである。

最もポピュラーな橋が桁橋だ。橋脚で支えられた桁に、板などを敷いた構造の橋で、材料により木桁《もくげた》、鉄筋コンクリート桁、鋼桁、合成桁などがある。建設費が比較的安いことから最も多く採用されている。全国に長さ15m以上の橋が約16・4万基あるが、そのうちの約90％以上は桁橋で、アーチ橋や吊橋、斜張橋などは少数派である。ラーメン橋も、全体の2・8％にすぎないが、高速自動車国道に限ってみると、8・8％を占めている。

構造による橋の種類

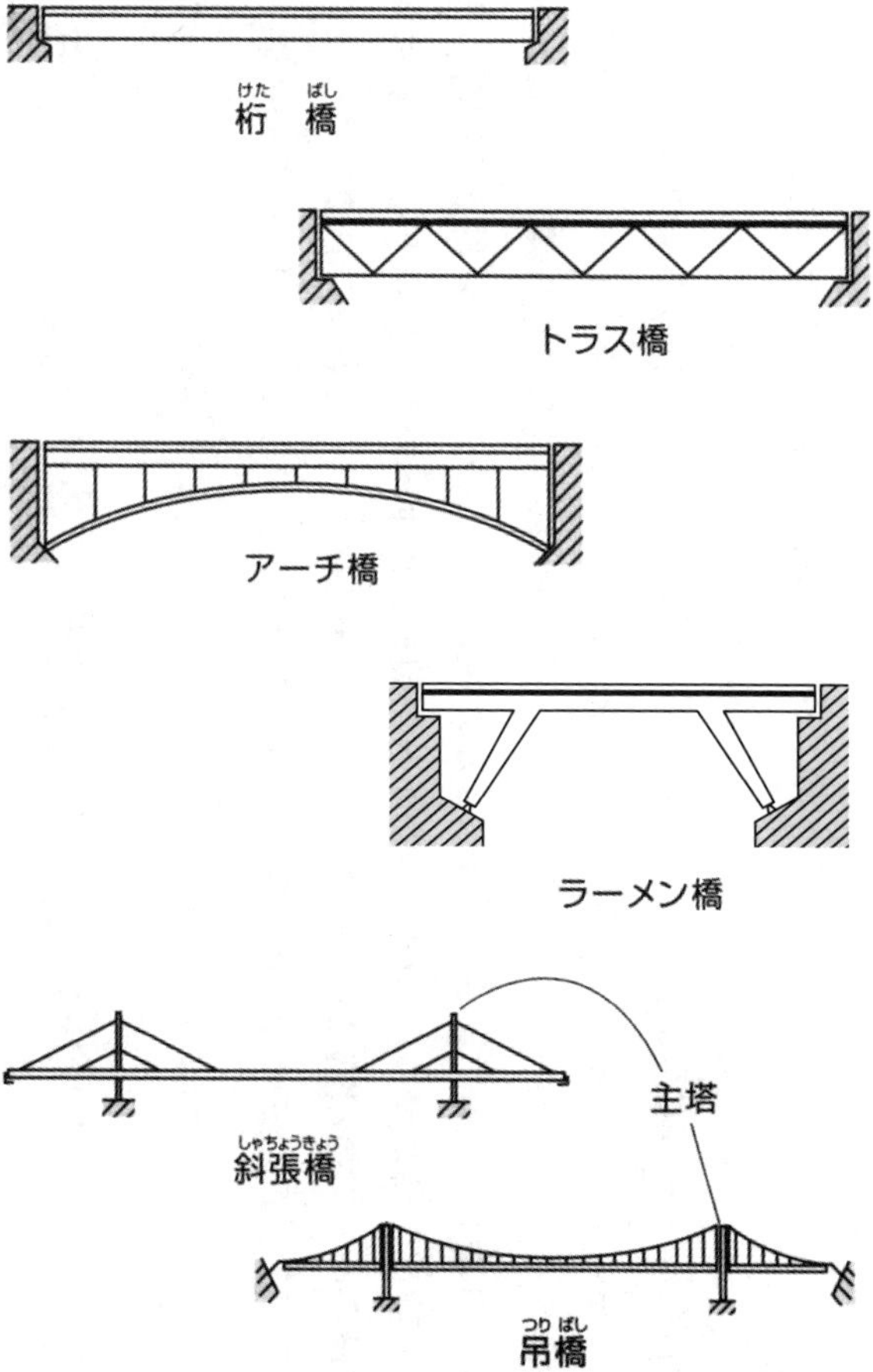

3 川幅いっぱいに舟を並べれば橋になる

川に橋を架けなくても、対岸に渡ることができる。何艘もの舟を川幅いっぱいに並べれば、それが橋になるのだ。**舳先を川上に向けた舟と舟を鎖や鋼で結び、その上に板を渡せば、水の中に入らなくても対岸に渡ることができる。これを舟橋という。**

舟橋は紀元前の時代から、古今東西の重要な交通路として活躍してきた。古代中国では、紀元前11世紀の周の時代に文王がつくったと『詩経』に書かれている。古代ギリシャでも、ペルシャのクセルクセス1世がギリシャに遠征した紀元前480年、エーゲ海とマルマラ海を結ぶヘレスポントス海峡（ダーダネルス海峡）の1・2㎞にわたって、2本の舟橋をつくったとヘロドトスの『歴史』には書かれている。ほかにも、古代西洋での舟橋架橋の文献は多数ある。

日本では、日本武尊が東征した折に、舟橋をつくって対岸に渡ったことが日本書紀に書かれている。千葉県船橋市の地名も、この舟橋に由来しているという説がある。

舟橋のエピソードでは、佐野の舟橋が有名だ。万葉集の東歌《あずまうた》に「上毛野《かみつけの》　佐野の舟橋とり放《はな》し　親は放《さ》くれど吾《わ》は離《さか》るがへ」という歌がある。歌の舞台は群馬県高崎市の上毛電鉄・佐野のわたし駅付近。舟橋が架けられたのは利根川水系の烏川である。

烏川を挟んだ2つの村に恋仲の男女がいて、夜ごと舟橋を渡って逢瀬を重ねていた。しかし、これを快く思わなかった親は、ある晩、舟橋の途中を壊しておいた。それを知らずに渡ってきた二人は川に落ち、後日、しっかりと抱き合ったままの姿で見つかったという。東歌はこの伝説を元に謳われたもので、「上毛野の佐野にある舟橋を取り壊して放すように、親たちは私たちの仲を離すけれど、私たちは決して離れはしない」という内容だ。

舟橋は昔の渡河手段ではない。江戸時代にもいくつもの事例が見られるし、日露戦争の際に日本軍が鴨緑江《おうりょくこう》に架けたという記録がある。固定された橋よりも架設が簡単だし、外すこともできる。むしろ、舟橋の方が便利なのだ。常設の例もある。富山市の神通川に架かる舟橋は、明治中期まで利用されていた。

4 渡れば長寿？ 世界最長の木橋が日本にある？

川に橋を渡すときの材料としては、木を使うのが最も手っ取り早い。主桁に木を使った橋を木橋（もくきょう・きばし・きはし）あるいは木桁橋《もくげたきょう》という。

木橋は強度的に劣り、寿命も短い。川が氾濫すればたちまち流されてしまう。反面、撤去が簡単で再利用できるという利点もある。そのため、日本の近世における砦や城郭では、正門など人がよく通る場所には石橋や土橋を架け、あまり通らない場所には木橋をかけて敵の侵入を防いだ。

昭和の高度成長期以前には、全国に5万余りの木橋があったというが、やがて道路に車が氾濫するようになると、木橋は次々と姿を消し、鋼橋や鉄筋コンクリート橋に生まれ変わっていった。

だが、現在でも立派に機能している木橋がある。江戸時代、東海道最大の難所として知られた大井川に、1879年に架橋された**蓬莱橋**《ほうらいばし》である。明治以降、牧之原台地を茶畑として開拓した農民たちによって架橋されたもので、関係者以外からは通行料を取っていた。現在でも大人100円、小学生以下10円の渡橋料が必要だ。

江戸時代、江戸防衛の目的から、大井川には架橋も渡船も許されず、渡河するには川越人足を頼むしかなかった。水位によって値段も異なり、股下48文、腰あたりで68文、乳で78文、腕の付け根で98文の料金が取られたという。1文20円としても50文で1000円。それに比べたら100円など安いものだ。しかし、1994年、川下側に鉄筋コンクリート製の島田大橋が完成してから通る人はめっきり減った。

だが、地元の人たちに代わって、観光客がやって来るようになった。というのも、この橋が、**1997年に世界最長の木造歩道橋として、ギネスブックに登録されたか**らだ。長さが897・4mの木橋であることから、「厄なし（8974）の長い木（長生き）橋」と呼ばれるようになった。縁起がいいからと増えてきた観光客の安全面を考えて、橋脚は鉄筋コンクリート製に変わったが、渡し板はすべて木製だ。歩くたびに発するギシギシときしむ音が、何とも懐かしいという人もいる。

5 山口県岩国市・錦帯橋の美しいアーチが生まれたワケ

木橋として有名なものに、山口県岩国市の錦帯橋がある。「日本三名橋」「日本三奇橋」には諸説があり、東京の日本橋、長崎の眼鏡橋、日光の神橋《しんきょう》、山梨の猿橋など、選び方組み合わせにはいくつかあるが、必ず含まれているのが錦帯橋である。技術的にも優れ、景観の美しさから日本屈指の名橋と呼ばれ、国の名勝にも指定されている。

山口県岩国市にある錦帯橋は、吉川広嘉《きつかわひろよし》によって架橋された。広嘉の祖父、吉川広家は関ヶ原の戦の後に岩国に領地を与えられ、横山の山頂に岩国城を築いた。山の周りには幅200mの錦川が蛇行しており、これを天然の要害とした。対岸には下級武士や町人の住居をつくった。その後、岩国城は廃城になるも、家臣たちは藩政務を行う横山地区と城下町の錦見地区との間を往来しなければならなかった。そのために橋が架けられたが、錦川は度々氾濫し、橋は流された。

錦帯橋（山口県岩国市）

主な名橋

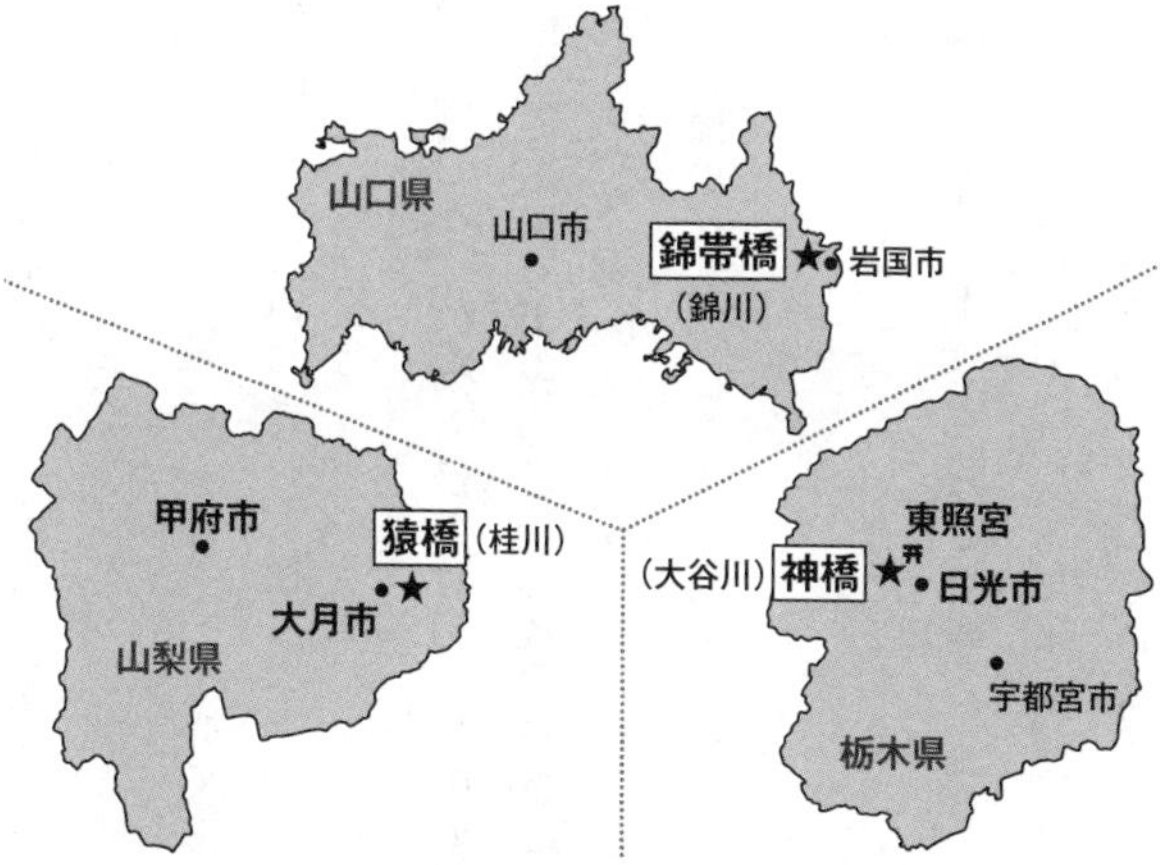

そんな折、三代目藩主の広嘉は、明《みん》からの帰化僧、独立《どくりゅう》を通じて、杭州にある西湖の絵を見る機会を得た。描かれていたのは5つの島に跨るアーチ状の橋だった。これを見た広嘉は、流されない橋のヒントを得て、１６７３年に錦帯橋を建設したのである。このときの橋は翌年に流されてしまったが、同年内に再建された橋は、その後２７６年にわたって流されることはなかった。

錦帯橋は全長１９３ｍ、幅５ｍ。五連のうち、両側の2つの橋の長さは34・８ｍで、多少反ってはいるものの、柱に支えられた桁橋構造である。**中央の3つの橋の長さは35・1mで、迫持《せりもち》式という独特のアーチ構造をしている。**珍しい木造のアーチ構造であることから「木組みを1本抜くと橋が崩れる」と囁かれることもあったようだ。しかし、これは誰かのつくり話にすぎない。

頑丈だった錦帯橋も、１９５０年の台風でほぼ流失してしまった。復旧にあたってはコンクリート製の再建案もあったが、市民の意向により木製で再建された。２００1年からの3年間に架け替え工事が行われたが、翌年の台風14号により橋脚２脚が流失した。ただし、橋体には損傷なく、橋脚も復旧して現在に至っている。

6

木橋から石橋へ——日本最古の石橋はどこにある？

よくヨーロッパは石の文化で、日本は木や紙の文化といわれる。

橋についても、石橋はヨーロッパでは古くからあったようで、紀元前４０００年頃のメソポタミアでは石造のアーチ橋が架けられたとされ、紀元前１世紀前後につくられた古代ローマの石橋は、今でも見ることができる。

日本に入ってきたのはそれから２千年以上も経ってからのことである。鎖国時代も、唯一外国との貿易が行われていた長崎で、日本最初の石橋が誕生した。

１６３４年、中国から来日して興福寺の住職になった黙子《もくす》如定《にょじょう》によって、長崎市内を流れる中島川に架けられた眼鏡橋が、日本最古の石橋だといわれている。長さ22ｍ、幅３・７ｍ。２つの半円を描くアーチ式の石橋で、川面に映るとメガネのように見えることからこの名がある。

長崎の眼鏡橋よりひと回り大きいのが、諫早《いさはや》市にある眼鏡橋だ。建造されたのは1839年と、長崎の眼鏡橋の200年後だが、長崎の眼鏡橋の2倍以上（54m）もの長さがある。ところが、諫早の眼鏡橋は頑丈すぎて、洪水の際には橋が堰となり、被害をより大きくしてしまった。そのため、元々は本明川に架かっていた橋を、現在の諫早公園に移したのである。

日本一長い石橋は、渓谷美で名高い耶馬渓《やばけい》に架けられた耶馬渓橋である。1923年に、観光用として建造された。長さ116m、幅4・1mの8連のアーチ橋で、別名オランダ橋ともいわれる。

熊本県のほぼ中央、美里町の旧・砥用《ともち》町地区にある霊台橋は、単アーチ式の石橋としては日本最大である。1847年の建造で、長さ89・86m、幅5・5m。長崎と諫早の眼鏡橋とともに、国の重要文化財に指定されている。九州には石橋が非常に多いが、なぜか他地域にはほとんど伝播しなかった。

7 明治時代とともに始まった、日本の鉄橋の歩み

鉄は紀元前から実用に使われてきたが、構造物に利用されるようになったのは、18世紀にイギリスで始まった産業革命以降のことである。鉄製の橋が生まれたのも、18世紀末期から19世紀にかけてで、イギリスのアイアンブリッジ（長さ60m）が世界で初めての鉄製の橋だといわれている。鉄の出現によって、橋梁技術は著しく進歩した。橋脚と橋脚の間隔、すなわち支間（スパン）が大幅に延び、長大橋の建設が可能になったのである。長い間主役の座にあった石橋の時代は終わり、鉄橋から鋼橋へ、そして鉄筋コンクリート橋の時代へと移っていった。

日本で最初の鉄橋は、石橋と同様、長崎で誕生した。**1868年（明治元）、眼鏡橋が架かっている中島川の下流に造られた銕《くろがね》橋である。**それまで木橋が架かっていたが、川が氾濫するたびに流されてしまったため、鉄橋に架け換えられたのだ。しか

し、当時の日本にはまだ鉄橋を架ける技術はなく、オランダ人技師の力を借りての架橋であった。長さ21・8m、幅6・4m。完成時には渡り初め式も行われたという。当時は珍しさから、大勢の人が橋の上を行ったり来たりと、鉄橋の渡り心地を楽しんだという。

翌年には、横浜の伊勢佐木町でも鉄橋が誕生した。吉田橋である。橋の長さは23・6m、幅9mと、長崎の鉄橋よりひとまわり大きい。当時は馬車や人力車から通行料を徴収したことから、鉄と金をかけて「かねの橋」とも呼ばれていた。

その後は、鉄に2%以下の炭素を加えた鋼《はがね》を材料にした鋼橋《こうきょう》が登場し、1900年代になると鉄筋コンクリート（RC）橋へと発展していった。日本で初めての鉄筋コンクリート橋は1903年、琵琶湖疎水に架けられた日ノ岡第11号橋である。

外国に大きな遅れをとっていた日本の近代的橋梁技術も、第二次世界大戦の復興を契機にめざましい発展を遂げ、欧米諸国と肩を並べるまでに成長した。現在はより強度に優れたプレストレスト・コンクリート（PC）橋へと移りつつある。

8 天然記念物の橋って、一体どんな橋？

わが国に無数ある橋は、すべて人間がつくってきたものだ。橋が重要文化財に指定されることはあっても、天然記念物に指定されることは常識では考えられない。ところが、天然記念物に指定された橋があるのだ。長い年月をかけて、浸食されてできた石灰石の天然橋である。

広島県北東部の帝釈《たいしゃく》川中流に、帝釈峡という全長約18㎞にもおよぶ美しい渓谷がある。比婆道後帝釈国定公園の一角を担う中国地方屈指の景勝地で、国の名勝にも指定されている。この地域は広大な石灰岩台地で、そのため鍾乳洞や洞門も多い。帝釈峡も、帝釈川に浸食されてできた深い渓谷なのだ。そこに日本最大の天然橋がある。**雄橋《おんばし》という石灰石でできた橋で、長さ90m、幅18m、川面からの高さ40m。**スイスのプレビシュ、アメリカのロックブリッジとともに世界三大天然橋の一つに数えられ、

1987年には、国の天然記念物に指定されている。この巨大な橋が、自然にできたというのだから驚きである。かつてはこの天然橋も、実際に交通路の役割を果たしていたという。

それにしても、なぜこのような橋ができたのか。その成因を簡単に説明すると、まず石灰岩台地が帝釈川に浸食されて、深い渓谷の帝釈峡が形成された。帝釈峡の川底のさらに地底が浸食されて川ができる。今までの川の水は地底川へ流れ込み、水無川と化す。地底川の浸食が進み、洞門がだんだん大きくなると、元の川の川底、すなわち地底川の天井が重みに耐えかねて次々に落下していく。

ところが、落下を免れ、部分的に残ったところもある。それが天然橋なのだ。

雄橋の橋床部分が、かつての帝釈川の川底だったところである。付近には「鬼の唐門」「鬼の窓」など、同様の形成過程による天然橋がある。雄橋の下流にも、雌橋《めんばし》という天然橋があるが、スケールは小さい。帝釈峡のほぼ中程にある貯水池の神龍湖が、満水になると水没してしまう。

9 「本州と四国を結ぶ橋」の実現の背景にあった、痛ましい事故

本州と四国を橋で結ぶという夢は、四国の人はずっと昔から抱いていたに違いない。明治以降、いくつかの案が発表されたが、いずれも構想どまりに終わった。

そんな中で、大きな転換点となったのが**紫雲丸事故**だった。1955年5月、岡山県玉野市の宇野駅と、香川県の高松駅を結ぶ国鉄宇高連絡船の紫雲丸が、同じく宇高連絡船の第3宇高丸と衝突して沈没。この海難事故で、修学旅行生100名以上を含む168名が犠牲になった。それ以前にも、宇高連絡船はたびたび海難事故を起こしている。本四連絡架橋の建設機運は一気に高まってきた。

1959年、国鉄と建設省が調査を開始し、1969年に新全国総合開発計画（新全総）によって、現在の3ルートが決定。翌年には本州四国連絡橋公団が設立された。

本四架橋は、東から神戸・鳴門ルート、児島・坂出ルート、尾道・今治ルートの3

本四架橋と高速道路網

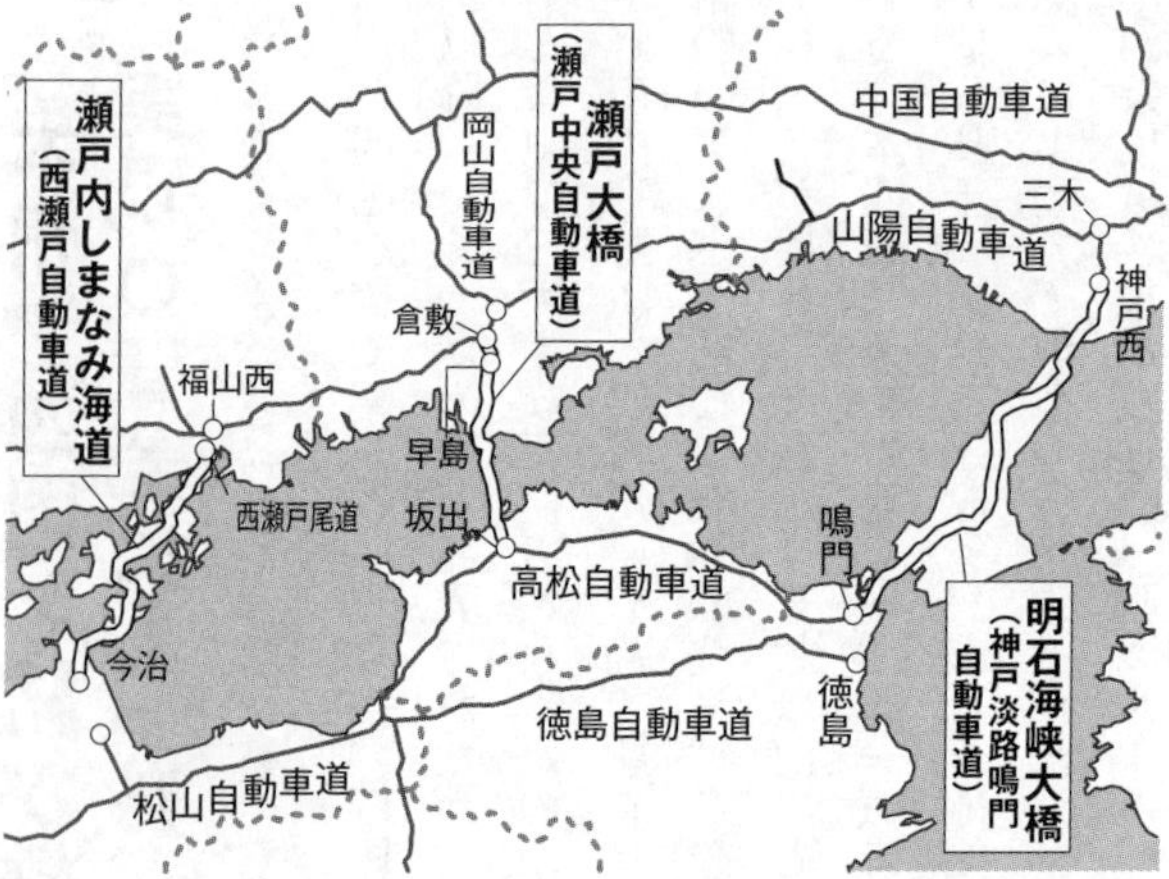

つのルートからなり、最初に開通したのが１９８８年の児島・坂出ルートだ。瀬戸中央自動車道とＪＲ本四備讃線が通る道路鉄道併用橋の瀬戸大橋で、本州と四国を結んでいる。２番目は１９９８年に開通した神戸・鳴門ルートである。本州と淡路島に明石海峡大橋が、淡路島と四国には大鳴門橋が架けられ、そこを神戸淡路鳴門自動車道が通っている。

最後に開通したのが「瀬戸内しまなみ海道」と呼ばれる尾道・今治ルートで、西瀬戸自動車道に歩行者・自転車専用道路が併設されている。

10 瀬戸内海に架かる吊橋は、世界一が目白押し！

吊橋とは、川などの上空にケーブルを張って桁を吊った橋のことだ。原始的な形態だと、ツタなどの自然材料を使ったものがあり、日本では徳島県の祖谷渓に架かるかずら橋が有名である。

橋の形態区分として、斜張橋を吊橋に含める場合もあるが、吊橋と斜張橋には違いがある。203ページのイラストで紹介したとおり、吊橋が主塔の間にメインケーブルを渡し、そこから鉛直に垂らしたロープで桁につなげているのに対し、斜張橋は主塔と桁を直接ケーブルで結んでいる。吊橋は、張力に優れたケーブルの発展とともに、長大橋が建設されるようになった。吊橋には支間を長くできるという利点があり、支間距離の長い橋はほとんどが吊橋だといってもよい。

神戸市西部と淡路島をつなぐ**明石海峡大橋**（全長3991m）は、1998年に完成した当時は、世界最長の吊橋として注目を集めた。海域が4㎞近い明石海峡をひと跨ぎしたのである。塔と塔の間の中央支間の距離は1991mもある。約2㎞の間に橋脚が一本もないのである。吊橋の長さは、中央支間の距離で比較されることが多い。明石海峡大橋は中央支間長の点でも、1981年に完成したイギリスのハンバー橋（中央支間長1410m）を抜いて、20年以上の間世界一を誇っていた。

しかし、2022年3月に完成した、トルコのダーダネルス海峡に架かるチャナッカレ海峡大橋（中央支間長2023m・全長3563m）に抜かれて世界一の座が奪われた。その差はわずか32m。しかし、橋の長さでは明石海峡大橋が、依然として世界一長い吊橋なのである。

瀬戸内しまなみ海道にも世界一長い橋があった。生口《いくち》島と大三島を結ぶ**多々羅大橋**である。多々羅大橋は斜張橋だ。斜張橋は吊橋同様、長大橋に適した構造を持つが、主塔から斜めに張ったケーブルで直接に橋床を吊るため、中央支間長は吊橋より相対的に短くなる。しかし、美観に優れており、近年では中小の橋にも採用されている。

多々羅大橋の全長は1480m、中央支間長は890m。完成した当時、斜張橋と

明石海峡大橋

しては中央支間の長さが世界一だったが、2012年に完成したロシアのルースキー島連絡橋（1104m）に抜かれた。現在、神戸市の六甲アイランドとポートアイランドの間の大阪湾岸道路に、5径間連続となる斜張橋の建設が進んでいる。完成すれば全長2730m（最大支間長650m）の世界最大規模の斜張橋となる。

もう1本の本四架橋である児島・坂出ルートには、**瀬戸大橋**が架かっている。じつは瀬戸大橋とは、5つの島に架かる6本の橋の総称をいい、全長13・1㎞の世界一長い道路鉄道併用橋としてギネスブックに認定されている。

11 まるで遊園地!? 目が回りそうな「ぐるぐるループ橋」が必要な理由

ある地点とある地点を、直線で結べば距離も短くて済む。だが、日本は山国のため山が障害になる。山の向こう側へ道路を通すには、その山を迂回させるか、山にトンネルを掘るか、あるいはその山を登って越えるしかない。

わが国ではこれまで、山に九十九《つづら》折りというように幾重にも曲げながら道路をつくる方法が主にとられてきた。そのため、直線で結ぶ場合の3、4倍もの距離になることも少なくなかった。

明治以降はトンネルの掘削技術も進歩し、峠に長大トンネルを建設するケースが多くなった。しかし、トンネルの建設には莫大な費用を要するので、なるべく高い地点まで道路を建設し、トンネルをより短くする方法がとられている。

自動車はゴム製のタイヤで走るので、急勾配にも対応できる。大阪府と奈良県の県

河津七滝ループ橋

境付近にある国道３０８号の暗《くらがり》峠は、37％（１００ｍにつき37ｍ）の勾配がある。東京都東大和市の多摩湖の南側にも勾配37％の道路がある。一方、鉄道は勾配に弱く、最大勾配でも35パーミル（１０００ｍにつき35ｍ）に決められている。そのため、長大トンネルの技術が未発達だった頃は、一般的に鉄道トンネルの方が長かった。

　ほかにも、高度差を一気にかせぐ方法にループ橋がある。道路を螺旋状に上っていけば、一気に高度を上げることができる。ループ橋はめったに見ることはないが、よく知られているのが、**伊豆下田から天城峠へ抜ける国道414号にある河津《かわづ》七滝《ななだる》ループ橋**だ。高度差の大きい天城山麓の道路勾配を緩めるため、1981年に建設されたもので、2回転させた直径80mの環状の道路によって、45mの高度差を一気に稼いでいる。

九州を走る国道221号の、人吉市－えびの市間にも、ループの直径が約190mという世界最大規模の人吉ループ橋がある。

鉄道にもループ橋がある。熊本県人吉市の肥薩線にあるループ線が日本では最も古く、1909年に開通している。上越線の清水トンネルも、北口と南口の2か所にループ線を持っている。ループ状の道路や鉄道は、山岳地帯ばかりではなく、用地が十分にない場所で建設されることもあり、ゆりかもめのレインボーブリッジ新橋側にもループ状になった区間がある。

12

世界と日本、トンネルの歴史アレコレ

山腹や地中などを掘り抜いた穴をトンネルというが、どれだけの大きさがあればトンネルといえるのか。国際トンネル会議では、断面積が2㎡以上の空洞をトンネルとしている。トンネルを日本では隧道《ずいどう》ともいっている。

日本トンネル技術協会では「断面の高さあるいは幅に比べて、軸方向に細長い地下空間で、地中の管路については仕上がり断面の直径が0・8m以上のものをトンネルとして扱う」としている。

トンネルには、道路や鉄道の交通用トンネルのほかに、灌漑や水力発電などの水路用トンネルがある。また、大都市で建設が進む共同溝や地下街、地下駐車場、地下鉄なども、広義のトンネルといえよう。

最初につくられたトンネルは、住居用の洞窟だったのではないかといわれている。

洞窟は別にして、人工的なトンネルとしては、紀元前6000~5000年、イラン高原につくられたカナートという導水用トンネルが世界で最初のトンネルだとされている。この一帯は年間降水量が150㎜以下で、水があっても夏は干上がり冬は凍結する。水を確保するには、地下にトンネルを設けるのが有効だったのだ。

人が通るトンネルとしては、紀元前2000年頃、バビロン（現バグダードの南方）にユーフラテス川の河底を横断するトンネルがつくられたのが最初とされている。

それに比べると、日本のトンネルの歴史は浅く、1631年に**五郎兵衛用水（長野県佐久市）**が完成している。最も長いものでは、**金沢市を流れる犀川から兼六園に通水した辰巳《たつみ》用水**がある。いずれも導水用トンネルだ。

交通用トンネルで最もよく知られているのが、**耶馬渓《やばけい》（大分県中津市）にある青の洞門**だろう。鎖渡しと呼ばれる耶馬渓の難所で、落命する人馬を見た禅海という僧がトンネルを掘り抜こうと決意し、20数年の歳月をかけてノミと槌だけで掘り抜いて1764年に開通させた。青の洞門の全長は342m、うちトンネル部分の延長は144mで、今でもノミの跡が残っている。

13 「レンコン町」と称される、トンネルだらけの町がある!?

トンネルと橋ではどちらが多いだろうか。橋は全国に16万4142本（15m以上のもの）もあるが、トンネルは1万922本と、橋の15分の1にも満たない。もっとも、この数値は純粋な道路トンネルで、鉄道や道路などの下を潜り抜ける通路のほか、鉄道トンネルや水路トンネルなどは含まれていない。

トンネルは、数では橋に及ばないが、1本あたりの長さでは橋よりはるかに長い。橋1本の平均は64m。15m未満の橋も数に入れれば、もっと短いだろう。それに対し、トンネル1本あたりの長さは474mにもなる。全国にある道路トンネルを1本につなぐと、5177・9㎞と、日本列島を軽く一往復してしまう長さである。

では、トンネルの最も多い都道府県はどこか。広大な北海道か、山岳地帯の長野県あたりだと思うだろうが、じつはどちらでもない。**1位は意外にも大分県で、557**

トンネル数ランキング

		〔箇所〕	〔延長：m〕			〔箇所〕	〔延長：m〕
1	大分県	557	162,098	41	滋賀県	88	30,445
2	北海道	489	367,670	42	福岡県	69	30,109
3	千葉県	461	63,366	43	佐賀県	53	27,016
4	高知県	413	177,814	44	青森県	52	26,017
5	広島県	385	180,513	45	香川県	52	23,667
6	和歌山県	378	151,002	46	茨城県	50	23,204
7	長野県	360	176,774	47	沖縄県	30	22,270

（2020年3月末現在）

本のトンネルがある。何しろ、県内には「レンコンの町」とも称される竹田市がある。周囲を山に囲まれた盆地に開けた旧城下町で、どこへ行くにも、トンネルを潜り抜けなければならないため、その異名がある。

2位は北海道だが、3位は意外にも千葉県で461本。関東平野の一部をなし、全国で唯一、500m以上の山がない県だが、房総半島の中央部以南は低いながらも山は多い。その証拠に、トンネルの総延長は63㎞しかなく、トンネル数上位の県と比べて非常に短い。

なお、東京都は面積は小さくても、トンネル数は242本の19位。高速道路などのトンネルが多いことから、延長距離も長い方だ。

14 世界初の「海底トンネル」、走ったのは自動車と鉄道、どっち？

トンネルは本来、障害となる山や岩などを切り崩して貫通させるのが普通で、海底を掘ってトンネルをつくるというのはまれだ。だが、日本は島国のため、早くから海底トンネルを建設して北海道、本州、四国、九州をつなぐという構想があった。

その夢の一部を叶えたのが、1988年に開通した**青函トンネル**である。全長は53・9㎞で日本一長い。同時に世界一でもあったが、2016年に完成したスイスのゴッタルドベーストンネル（57㎞）に抜かれてしまった。

じつは、青函トンネル完成の半世紀近く前にも、海底トンネルがあった。**関門海峡を潜って本州と九州を結ぶ関門鉄道トンネル**が1942年に開通している。世界で初めての海底トンネルである。

戦時中にもかかわらず、工事は急ピッチで進められた。というのも、九州へ兵員と物資を送り、九州から石炭を運ぶ大動脈として、関門トンネルの建設は至上命題だった。橋梁だと、アメリカから攻撃を受けて破壊される危険性が高いからである。実際に本土空襲が始まると、米軍は関門トンネルを攻撃する計画を立てていたが、その前に戦争は終結し、事なきを得た。関門トンネルはひとまず単線で開通し、翌々年にはもう1本のトンネルも完成して複線に。本州と九州が一つになったのである。

道路トンネルは、関門海峡最狭部の早鞆瀬戸《はやともせと》の下に建設されることになった。鉄道に一歩遅れをとったが、1937年に着工。しかし、地質が軟弱であったり、第二次世界大戦が勃発して資材不足に陥ったりして、工事は困難を極めた。そのため、完成したのは1958年。実に21年の歳月を費やす大事業になった。全長3461m、世界初の海底道路トンネルの誕生である。人道トンネルも併設されたので、完成当初は全国から観光客が集まり、本州から九州までの海底散歩を楽しんだ。

日本初の海底トンネルが関門トンネルなら、日本初の港湾トンネルは、愛知県の半田市と碧南市を結ぶ衣浦《きぬうら》海底トンネルで、1973年に開通した。同じ衣浦湾に、日本初の海上橋の衣浦大橋（1956年完成）もある。

関門海峡

関門海峡を渡る橋・トンネル

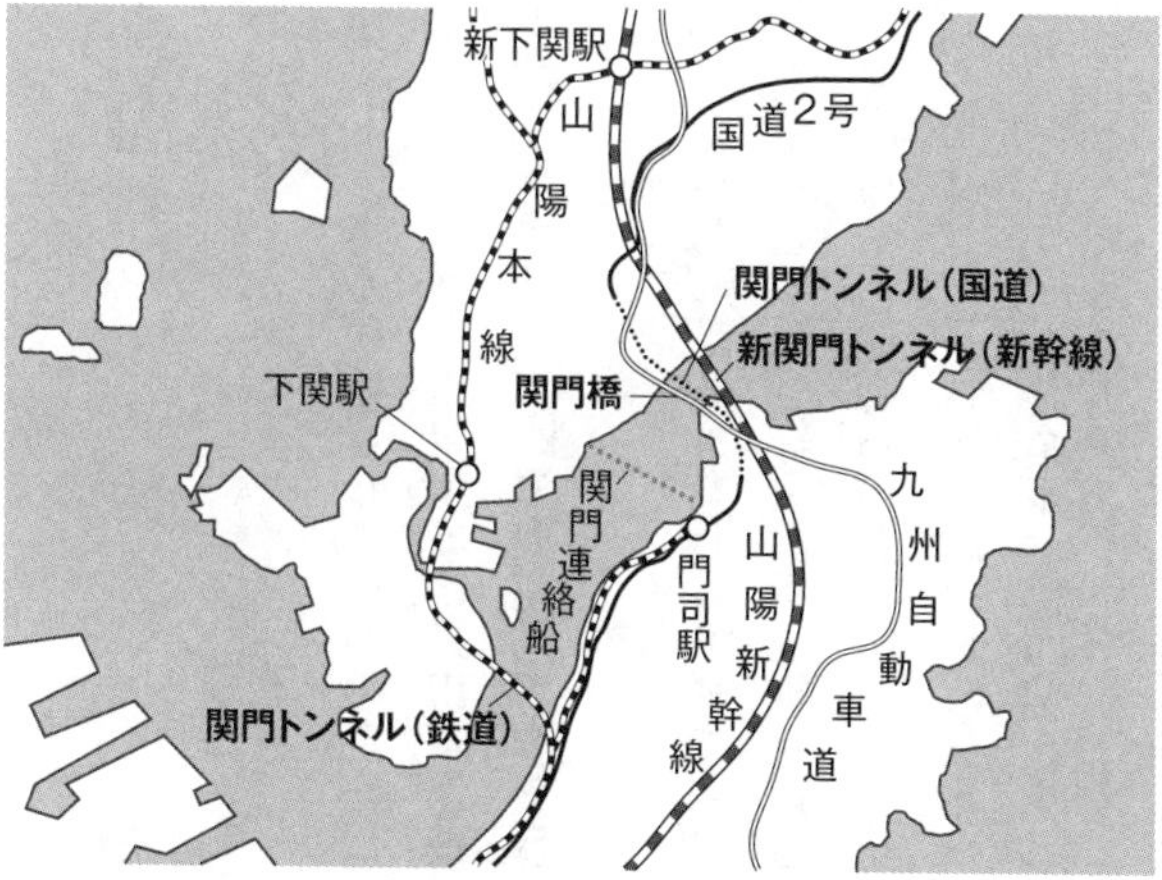

15 世にも珍しい、橋とトンネルがドッキング!?

本章では橋とトンネルを別々に見てきたが、橋とトンネルが結合して一つの道路になっている例はそうあるものではない。その道路こそが、**神奈川県川崎市（川崎浮島JCT）と千葉県木更津市（木更津金田IC）を結ぶ全長15・1㎞の東京湾アクアライン**だ。

東京湾を横断して京浜側と房総半島を結ぶという計画は、昭和30年代からすでに持ち上がっていたが、夢物語的な構想だと思われてきた。しかし、紆余曲折を繰り返しながら1997年、長年の夢が実現した。神奈川県の川崎市側から全長9・5㎞の東京湾アクアトンネルが延び、千葉県の木更津市側からは、全長4・4㎞という日本一長い橋である東京湾アクアブリッジが延びている。そして、トンネルと橋が結合する人工島には、海ほたるパーキングエリアが設営されている。

海ほたるパーキングエリア

東京湾アクアラインを含む環状道路

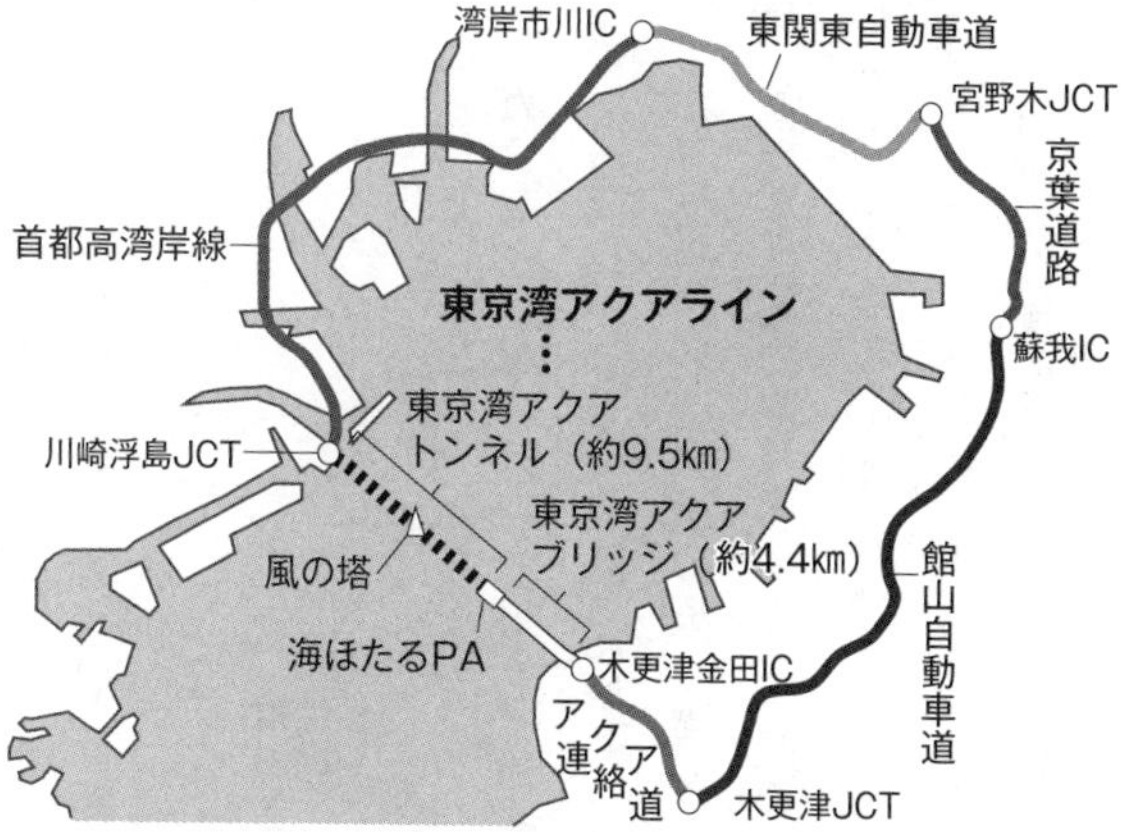

川崎や横浜から房総半島へ行くには、これまでは東京湾の北半分を一周しなければならなかったが、東京湾アクアラインの完成によって、川崎から木更津まで約100km あった道程が約30km、3分の1以下に短縮されたのである。

東京湾アクアラインは、すべてトンネルで建設してもよさそうなものだが、なぜトンネルと橋を結合させるという、奇妙な構造にしたのだろうか。それには理由がある。東京湾には大型の船舶が航行している。だったら、全区間をトンネルで建設すればよいのだが、それには莫大なコストがかかる。そのため、海底が深い川崎市側をトンネルで建設し、水深の浅い木更津市側を橋にしたのである。しかし、長大橋の建設が可能な吊り橋にすると、主塔が高い建造物になってしまうため、羽田空港の離着陸の障害になる。そこで、桁橋が採用されたのだという。(橋の種類は203ページ参照)

東京湾アクアラインは調査に20年、建設に10年を要するという一大事業であった。いざ掘り始めてみると、関係者に「マヨネーズのような地盤」といわれるほどの超軟弱地盤で、地盤改良を進めながらの掘削は技術的にも困難を極めた。関係者の叡智を集結したことから「土木のアポロ計画」とも呼ばれた。

【参考文献】

『日本大百科全書』『日本地名大百科』（以上、小学館）／『世界大百科事典』（平凡社）／『ブリタニカ国際大百科事典』（ブリタニカ・ジャパン）／『スーパーマップル道路地図 北海道～九州』（昭文社）／『旅に出たくなる地図 日本』『最新基本地図』『地図で訪ねる歴史の舞台 日本』（以上、帝国書院）／『今がわかる時代がわかる日本地図』（成美堂出版）／『全国市町村要覧』（市町村要覧編集委員会）／『データでみる県勢』（矢野恒太記念会）／『道路と交通』（成山堂書店）／『新道路図鑑』（国土交通省中部地方整備局）／『道路図鑑』（中部建設協会）／『日本初めて話題事典』富田仁（ぎょうせい）／『国道の謎』松波成行（祥伝社）／『国道あれこれ相談室』（道路整備促進期成同盟会全国協議会）／『古街道を歩く』小山和（講談社）／『街道の日本史17 中山道』山田忠雄、『街道の日本史20 江戸：街道の起点』藤田覚・大岡聡（以上、吉川弘文館）／『トンネル工法の〝なぜ〟を科学する』大成建設トンネル研究プロジェクトチーム（アーク出版）／国土交通省道路局・国土地理院、農林水産省、経済産業省、警察庁交通局、総務省、環境省、都道府県市町村の資料およびホームページ

【写真提供】

熊本県美里町………P169
北海道赤平市………P169
阪神高速道路………P174
静岡県河津町………P223

本書は、日本実業出版社より刊行された『道と路がわかる事典』を、文庫収録にあたり加筆・改筆、改題したものです。

浅井建爾（あさい・けんじ）

1945年愛知県生まれ。地理、地図研究家。日本地図学会会員。子供のころから地図に興味を持ち、二十代のときに自転車で日本一周を完遂。

ベストセラーになった『日本全国「県境」の謎』のほか、『「県境」&「境界線」の謎』『地図に隠れた日本の謎』（以上、実業之日本社）、『日本の駅名 おもしろ雑学』『日本の地名 おもしろ雑学』『読めば読むほどおもしろい 鉄道の雑学』（以上、三笠書房《知的生きかた文庫》）、『東京の地理と地名がわかる事典』（日本実業出版社）、『ほんとうは怖い 京都の地名散歩』（PHP研究所）、『誰かに教えたくなる道路のはなし』（SBクリエイティブ）、『日本全国 境界未定地の事典』（東京堂出版）、『東京23区境界の謎』（自由国民社）、『ビジュアル 都道府県別 日本の地理と気候〔全3巻〕』（ゆまに書房）、『教養としての日本地理』（エクスナレッジ）など著書多数。

知的生きかた文庫

日本《にほん》の道《みち》・道路《どうろ》がわかる雑学《ざつがく》

著　者　浅井《あさい》建爾《けんじ》

発行者　押鐘太陽

発行所　株式会社三笠書房

〒一〇二-〇〇七二　東京都千代田区飯田橋三-三-一

電話〇三-五二二六-五七三四〈営業部〉

〇三-五二二六-五七三一〈編集部〉

https://www.mikasashobo.co.jp

印刷　誠宏印刷

製本　若林製本工場

ISBN978-4-8379-8778-9 C0130

C50457

C50460

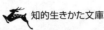